La mia trattoria

NUDEL-GERICHTE

PASTA

übersetzt von Inge Uffelmann

Der Text dieses Buches entspricht den Regeln der neuen deutschen Rechtschreibung.

© der italienischen Originalausgabe 1996 by Istituto Geografico De Agostini S. p. A., Novara
Originaltitel: Quaderni di cucina – Pasta
Die Verwertung der Texte und Bilder, auch auszugsweise, ist ohne Zustimmung des Verlags urheberrechtswidrig und strafbar. Dies gilt auch für Vervielfältigungen, Übersetzungen, Mikroverfilmung und für die Verarbeitung mit elektronischen Systemen.

Redaktionelle Leitung: Cristina Cappa Legora
Redaktionelle Koordination: Valeria Camaschella
Übersetzung: Inge Uffelmann, Bayreuth
Redaktion: René Zey, Frechen
Herstellung: Königsdorfer Medienhaus, Frechen

Die Informationen in diesem Buch sind von Autoren und Verlag sorgfältig erwogen und geprüft, dennoch kann eine Garantie nicht übernommen werden. Eine Haftung der Autoren bzw. des Verlags und seiner Beauftragten für Personen-, Sach- und Vermögensschäden ist ausgeschlossen.

Satz: Königsdorfer Medienhaus, Frechen

Inhalt

5   Vorwort

8   Lange Nudeln

48 Kurze Nudeln

88 Pasta gefüllt und aus dem Ofen

128 Alphabetisches deutsches Rezeptverzeichnis

Bedeutung der Abkürzungen

dl	= Deziliter ($1/10$ Liter)
EL	= Esslöffel
g	= Gramm
l	= Liter
kg	= Kilogramm
Msp.	= Messerspitze
n. B.	= nach Bedarf
TK	= Tiefkühlware
TL	= Teelöffel
1 Tasse	= $1/8$ Liter

Vorwort

Kochen ist eine Notwendigkeit und ein Vergnügen, und es macht umso mehr Spaß, wenn man versucht, mit neuen Zutaten und neuen Kochmethoden traditionelle Gerichte zu variieren und neu zu erfinden.
Aus dem Gedanken heraus, dass Kochen ein vergnüglicher Zeitvertreib sein sollte, entstand diese aus mehreren Bänden bestehende Serie von Kochbüchern. Sie stellt traditionelle Gerichte vor, die durch pfiffige Einfälle und kleine fantasievolle Ergänzungen in appetitanregende Neuheiten verwandelt werden.

Im vorliegenden Band finden Sie einige Hilfen, die Ihnen die Arbeit erleichtern und die Sie befähigen sollen, ohne Zeitverlust gute Ergebnisse zu erzielen. Die jedem Rezept beigefügten Farbabbildungen geben einen ersten Eindruck, so dass Sie sofort ein passendes Rezept wählen können, ohne lange die Beschreibungen studieren zu müssen.
Die Rezepte sind funktional als Schritt-für-Schritt-Anweisung aufgebaut, die Zutaten sind gut sichtbar in einer separaten Spalte aufgelistet. Eine kleine Tabelle informiert über die Vorbereitungs- und Garzeit sowie über die benötigten Utensilien. Die Anleitungen zur Zubereitung der Gerichte sind klar und detailliert verfasst und durch die Einteilung in nummerierte Einzelschritte sehr übersichtlich gehalten.
Darüber hinaus werden zu jedem Rezept zwei passende Weine empfohlen. Es versteht sich, dass es sich dabei nur um einen Rat handelt, denn in Sachen Wein gibt immer der persönliche Geschmack den letzten Ausschlag. Alle vorgeschlagenen Weine gehören zur Kategorie der DOC-Weine (Denominazione di origine controllata), sind also Qualitätsweine mit kontrollierter Ursprungsbezeichnung. Selbstverständlich wird zu jedem Wein auch die optimale Trinktemperatur angegeben.

Darüber hinaus findet sich unter jedem Rezept ein nützlicher Tipp, der das Rezept selbst betrifft. Mal wird beschrieben, wie ein Rezept durch andere Zutaten variiert werden kann, ein andermal wird dargelegt, was man bei der Zubereitung beachten sollte (zum Beispiel, wie man verhindert, dass Ravioli beim Kochen aufplatzen).
Obendrein findet sich bei jedem Rezept die Rubrik »Wissenswertes« – interessante Notizen zu einer Zutat des Rezepts, historische, wissenschaftliche, diätetische oder andere Anmerkungen, die die reine Kochanleitung um interessante Fakten bereichern.

Dieser Band ist den Nudelgerichten gewidmet, der Pasta – die als die Königin der italienischen Küche gilt. Er wurde nach den wichtigsten Pastaarten in drei Abschnitte gegliedert: Gerichte mit langen Nudeln, Gerichte mit kurzen Nudeln und Gerichte mit gefülltem und/oder im Ofen überbackenem Nudelteig. Es bleibt zu wünschen, dass Ihnen die vorgestellten Gerichte bei der Zubereitung ebenso Vergnügen bereiten werden wie Ihrer Familie oder Ihren Freunden beim Verzehr.

Alla fonduta S. 10	Ai funghi con le noci S. 11	In insalata S. 12
In insalata con rucola S. 14	Al paté di olive S. 16	Alla carbonara e funghi S. 18
Burro, salvia e noci S. 20		Paglia, fieno e piselli S. 22
Con lingua salmistrata S. 23	Alla romana S. 24	Integrali agli aromi S. 26
Con semi di papavero S. 28	Alla versiliese S. 30	Alla paesana S. 32

Lange Nudeln

Con asparagi e mandorle   S. 34

Alle zucchine   S. 35

Con patate e cavolo nero   S. 36

Al pesto rosso   S. 38

Mandorlati   S. 40

Con salsa al basilico   S. 42   In pasticcio   S. 44

Alle rose   S. 46

Con noci e gorgonzola   S. 47

Lange Nudeln

Tagliolini verdi alla fonduta
Grüne Bandnudeln mit Käsefondue

ZUTATEN
für 4 Portionen

300 g Fontina
1/8 l Milch
1 weiße Trüffel
Salz und Pfeffer n. B.
1 EL Olivenöl extra vergine
500 g grüne Bandnudeln
3 Eigelb

BENÖTIGTE UTENSILIEN

1 flache Auflaufform
1 großer Topf
1 Wasserbadtopf oder 1 Schlagkessel
1 Servierschüssel

Standzeit	1 Std.
Vorbereitungszeit	10 Min.
Garzeit	20 Min.

WISSENSWERTES
Der mildwürzige Fontina ist ein schnittfähiger und doch weicher Kuhmilchkäse aus dem Aostatal. Seines hohen Fettgehalts wegen (45%) schmilzt dieser Käse leicht. Er ist in Norditalien als Fonduekäse und zum Überbacken beliebt.

EMPFOHLENE WEINE
Valle d'Aosta rosato bei 14 °C
Trentino Cabernet Franc bei 16 °C

1 Den Fontina in dünne Scheiben schneiden, in eine flache Auflaufform legen, mit der Milch übergießen und 1 Stunde stehen lassen. Die Trüffel mit einer Bürste säubern und hauchdünn abschälen.

2 Einen großen Topf mit gesalzenem Wasser und 1 EL Öl zum Kochen bringen, die Nudeln hineingeben und kochen.

3 Währenddessen den Käse samt der Milch im Wasserbadtopf oder im Schlagkessel unter ständigem Rühren über heißem Wasser langsam schmelzen lassen. Wenn der Käse Fäden zieht, die Temperatur etwas erhöhen; unter weiterem ständigem Rühren nacheinander die Eigelbe zugeben. Rühren, bis der Käse eine cremige Konsistenz hat und keine Fäden mehr zieht. Vom Herd nehmen, etwas frischen Pfeffer aus der Mühle zugeben, eventuell auch salzen.

4 Die fertigen Nudeln abgießen, kurz abschrecken, in eine vorgewärmte Schüssel füllen, mit der Käsesauce übergießen, Trüffel darüber hobeln und sofort zu Tisch bringen.

NÜTZLICHE TIPPS
Ist die Temperatur zu hoch und wird nicht gleichmäßig gerührt, besteht die Gefahr, dass die Fonduesauce gerinnt. Man verringert das Risiko, wenn man zunächst 1 EL zerlassene Butter und 1 EL Mehl in den Schlagkessel gibt; dies mindert allerdings auch den Geschmack.

Lange Nudeln

Linguine ai funghi con le noci
Dünne Bandnudeln mit Pilzen und Nüssen

EMPFOHLENE WEINE
Colli Berici Tocai (Venetien) bei 16 °C
San Severo rosato (Apulien) bei 14 °C

❖

1 Wasser für die Nudeln aufsetzen. Die Champignons putzen, mit einem feuchten Tuch abreiben und würfeln. Die Zwiebel pellen, fein würfeln und in einer Pfanne in etwas Öl glasig dünsten. Anschließend den ebenfalls gepellten und gehackten Knoblauch, die Gewürze und nach kurzer Zeit die Champignons zugeben. Unter gelegentlichem Rühren 10 Minuten schmoren lassen.

2 Die abgetropften, klein geschnittenen Tomaten sowie die Hälfte der Walnüsse zugeben. Salzen und pfeffern und weitere 10 Minuten köcheln lassen.

3 Gleichzeitig mit der Sauce die Linguine bissfest kochen, dem Kochwasser Salz und 1 EL Öl zugeben. Wenn die Nudeln gar sind, abgießen, kurz kalt abschrecken und in eine vorgewärmte Schüssel füllen. Die Sauce darüber geben, durchmischen und mit den restlichen Nüssen und der Petersilie garniert zu Tisch bringen.

NÜTZLICHE TIPPS
Damit die Nüsse noch mehr Geschmack entfalten, kann man sie, bevor man sie an die Sauce gibt, entweder in einer beschichteten kleinen Pfanne ohne alle Zugaben oder in einer normalen Pfanne in 1 EL Öl ein wenig anrösten. Statt der Petersilie kann man gehacktes Basilikum nehmen.

ZUTATEN
für 4 Portionen

500 g Linguine
250 g Champignons
1 große Zwiebel
3 EL Olivenöl extra vergine
1 Knoblauchzehe
½ TL gemahlener Zimt
½ TL gemahlener Piment
1 TL frisch geriebene Ingwerwurzel
450 g geschälte Tomaten aus der Dose
40 g Walnüsse, grob gehackt
Salz und Pfeffer n. B.
1 EL gehackte Petersilie

BENÖTIGTE UTENSILIEN
1 Pfanne
1 Topf
1 Schüssel zum Anrichten

Vorbereitungszeit	30 Min.
Garzeit	30 Min.

WISSENSWERTES
Piment (Pimenta officinalis), auch Nelkenpfeffer, Neu- oder Allgewürz und Jamaika-Pfeffer genannt, verdankt seinen Namen einem Irrtum: Die nach Westindien gekommenen Spanier hielten die Früchte des zu den Myrtengewächsen zählenden Baumes für Pfeffer, der auf Spanisch »pimienta« heißt.

Lange Nudeln

Spaghetti in insalata
Spaghettisalat

ZUTATEN
für 4 Portionen

400 g Spaghetti
1 EL Olivenöl extra vergine
Salz und Pfeffer n. B.
150 g Thunfisch in Öl
50 g Kapern
100 g grüne und schwarze Oliven
1 frische Chilischote

BENÖTIGTE UTENSILIEN
1 Topf
1 Servierschüssel

Vorbereitungszeit	15 Min.
Garzeit	15 Min.

WISSENSWERTES
Obwohl das aus der getrockneten Chilischote gewonnene Gewürz meist Cayennepfeffer genannt wird, hat die Chilischote mit dem Pfeffer nichts zu tun, sie gehört vielmehr zur selben Gattung wie der Paprika. Unter den vielen Arten des Capsicums gibt es mildere und extrem scharfe Sorten.

Empfohlene Weine
Trebbiano di Romagna bei 10 °C
Etna bianco (Sizilien) bei 10 °C

❖

1 In einem großen Topf Wasser mit etwas Salz zum Kochen bringen, 1 EL Öl zugeben und die Spaghetti darin bissfest kochen. Die Nudeln abgießen und mit kaltem Wasser gut abschrecken. In eine Servierschüssel füllen und einen Faden Olivenöl darüber laufen lassen; gut durchschwenken, damit die Nudeln nicht aneinander kleben.

2 Während die Nudeln kochen, den Thunfisch und die Kapern abtropfen lassen. Den Fisch zerzupfen, die Oliven entsteinen und halbieren oder vierteln. Die Chilischote halbieren und die Kerne auskratzen, das Fruchtfleisch sehr fein schneiden.

3 Alle Zutaten zu den Nudeln geben, erneut gut durchmischen und zu Tisch bringen. Wünscht man den Salat gut gekühlt, gibt man ihn mit Frischhaltefolie abgedeckt für 1 Stunde in den Kühlschrank.

Nützliche Tipps
Chilischoten enthalten ätherische Öle, die die Schleimhäute reizen können. Man sollte also beim Schneiden der Chillies sehr vorsichtig sein, eventuell sogar Küchenhandschuhe anziehen. Berühren Sie keinesfalls mit den Händen, mit denen Sie Chillies geschnitten haben, Ihr Gesicht oder Ihre Augen. Um den Chillies Schärfe zu nehmen, kann man sie 1 Stunde in kaltes Salzwasser legen. Die Hände nach der Arbeit mit warmem Wasser und Seife waschen.

Lange Nudeln

Spaghettini in insalata con rucola
Spaghettini in Rucolasalat

ZUTATEN
für 4 Portionen

350 g Spaghettini
(dünne Spaghetti)
8 feste Buschtomaten
1 rote Zwiebel
200 g Rucola

Für die Vinaigrette
2 EL Apfelessig
Salz und Pfeffer n. B.
1 Knoblauchzehe
6 EL Olivenöl extra vergine

BENÖTIGTE UTENSILIEN
1 kleine Schüssel
2 Töpfe
1 Servierschüssel

Vorbereitungszeit	15 Min.
Garzeit	15 Min.

WISSENSWERTES
Das italienische Wort »spaghetto« bedeutet Bindfaden. Die Spaghettini sind eine Verkleinerungsform des Wortes »spaghetto«, doch in Wahrheit sind sie nicht kürzer, sondern sehr viel dünner als die normalen »Bindfäden«.

EMPFOHLENE WEINE
Orvieto Classico (Umbrien) bei 12 °C
Solopaca rosso (Kampanien) bei 14 °C

1 In einem großen Topf Wasser mit etwas Salz zum Kochen bringen, 1 EL Öl zugeben und die Spaghettini darin bissfest kochen. Die Nudeln abgießen, mit kaltem Wasser gut abschrecken und in eine Servierschüssel füllen.

2 Während die Nudeln kochen, die Tomaten mit kochendem Wasser überbrühen, die Haut abziehen und das Fruchtfleisch ohne das Kerngehäuse in Würfel schneiden. Die Zwiebel pellen und fein hacken, den Rucola waschen, trocken tupfen und in Streifen schneiden.

3 Für die Vinaigrette den Essig in eine kleine Schüssel geben, Salz darin auflösen, Pfeffer und den gepellten, durchgedrückten Knoblauch zugeben. Unter ständigem Schlagen mit einem Schneebesen das Öl in dünnem Faden einlaufen lassen, bis eine emulgierte Sauce entstanden ist.

4 Tomaten und Rucola zu den Spaghettini geben, die Vinaigrette darüber gießen, gut durchmischen und servieren.

NÜTZLICHE TIPPS
Da roher Knoblauch nicht jedermanns Sache ist, kann man der Vinaigrette auch ein paar Spritzer Tabasco oder etwas frisch geriebene Ingwerwurzel zugeben. Beide ergänzen aber auch zusätzlich die Vinaigrette.

Lange Nudeln

Spaghetti al paté di olive
Spaghetti mit Olivenpaste

ZUTATEN

für 4 Portionen

400 g Spaghetti
Salz n. B.
2 EL Olivenöl extra vergine
1 Knoblauchzehe
6 EL Tomatenpüree
1 EL schwarze Olivenpaste
aus dem Glas
1 Bund Petersilie, gehackt
frisch geriebener Parmesan n. B.

BENÖTIGTE UTENSILIEN

1 Topf
1 Pfanne
1 Servierschüssel

Vorbereitungszeit	5 Min.
Garzeit	20 Min.

WISSENSWERTES

Der Olivenbaum zählt zu den ältesten Kulturpflanzen. Frühestens nach 5 Jahren trägt ein Baum die ersten Früchte; der Höhepunkt des Ertrags ist nach etwa 50 Jahren erreicht. An den Boden stellt der Olivenbaum keine hohen Ansprüche, doch können Frost und kalter Wind schnell zu Ernteausfällen führen.

EMPFOHLENE WEINE
Riviera Ligure di Ponente Vermentino bei 10 °C
Biferno bianco (Molise) bei 10 °C

1 In einem großen Topf Wasser mit etwas Salz zum Kochen bringen, 1 EL Öl zugeben und die Spaghetti darin bissfest kochen.

2 Während die Nudeln kochen, den Knoblauch pellen und durchdrücken und in einer Pfanne in etwas Öl kurz angehen lassen. Anschließend das Tomatenpüree, 2 EL vom Kochwasser der Nudeln, die Olivenpaste und die gehackte Petersilie zugeben. Leise köcheln lassen, bis die Nudeln fertig sind.

3 Die abgegossenen Nudeln direkt in die Sauce geben und gut mischen. In eine vorgewärmte Servierschüssel umfüllen und mit etwas Petersilie garniert und reichlich mit Parmesan bestreut zu Tisch bringen.

NÜTZLICHE TIPPS
Wenn man keine Olivenpaste bekommt, kann man schwarze Oliven entsteinen und im Mörser selbst zu Püree zerdrücken. Besonders geeignet sind mit Kräutern trocken eingelegte Oliven, deren Fruchtfleisch durch die Art der Konservierung sehr mürbe ist.

Lange Nudeln

Bavette alla carbonara e funghi
Bavette mit Pilzen nach Art der Köhlerin

ZUTATEN

für 4 Portionen

400 g Bavette
Salz n. B.
1 EL Olivenöl extra vergine
300 g Champignons
1 Bund Petersilie
50 g geräucherter Schinkenspeck am Stück
20 g Butter
2 Eigelb
1 Prise Cayennepfeffer
2 EL frisch geriebener Parmesan

BENÖTIGTE UTENSILIEN

1 großer Topf
1 gusseiserne Pfanne
1 beschichtete Pfanne
1 kleine Schüssel

Vorbereitungszeit	10 Min.
Garzeit	25 Min.

WISSENSWERTES

Bavette sind flache, lange Bandnudeln. Der Name ist wahrscheinlich eine Verkleinerungsform von »bava« — Spinnfaden. Doch nennt man im Italienischen auch eine flachbrüstige Frau »bavetta«, und zwar nach dem französischen Wort »bavette«, das wiederum Schlabberlatz bedeutet.

EMPFOHLENE WEINE
Chianti Classico (Toskana) bei 18 °C
Dolcetto d'Asti (Piemont) bei 16 °C

1 Wasser für die Nudeln aufsetzen. Wenn es kocht, Salz und 1 EL Öl zugeben und die Nudeln bissfest kochen.

2 Die Champignons putzen, mit einem feuchten Tuch abreiben und in dünne Scheiben schneiden. Die Petersilie waschen, trocken tupfen und fein hacken. Den Schinkenspeck würfeln. Eine gusseiserne Pfanne heiß werden lassen und den Speck darin kross ausbraten. Die Speckwürfel aus der Pfanne nehmen, die Champignons in das Fett geben und 2–3 Minuten andünsten, dann die Petersilie zugeben.

3 In die beschichtete Pfanne 2–3 EL Kochwasser von den Nudeln geben und die Butter darin zerlassen. Die Eigelbe in einer kleinen Schüssel mit einer Prise Cayenne verschlagen. Die gar gekochten Nudeln abgießen und in die beschichtete Pfanne füllen, den Speck, die Pilze aus der anderen Pfanne sowie die Eigelbe zugeben.

4 Auf den Herd geben und durchschwenken, damit sich alle Zutaten gut mischen; das Ei sollte jedoch nicht stocken. Die Nudeln in der Pfanne mit reichlich Parmesan bestreut zu Tisch bringen.

NÜTZLICHE TIPPS

Dieses Gericht ist den Spaghetti alla carbonara nachempfunden, einer Spezialität aus dem Latium. Da die Eigelbe möglichst cremig und fast roh bleiben sollen, müssen die Eier sehr frisch sein. Wenn man keine Bavette bekommen kann, sind Spaghetti oder etwas breitere Bandnudeln ein würdiger Ersatz.

Lange Nudeln

Tagliatelle burro, salvia e noci
Bandnudeln mit Butter, Salbei und Nüssen

ZUTATEN

für 4 Portionen

400 g weiße Tagliatelle
Salz n. B.
1 EL Olivenöl extra vergine
200 g Walnüsse
50 g Butter
2 Zweige Salbei
6 EL frisch geriebener Parmesan

BENÖTIGTE UTENSILIEN

1 Topf
1 kleine Pfanne
1 Servierschüssel

Empfohlene Weine
Colli Morenici Mantovani del Garda rosato (Lombardei) bei 16 °C
Colli Piacentini Ortrugo (Emilia-Romagna) bei 10 °C

❖

1 Wasser für die Nudeln aufsetzen. Wenn es kocht, Salz und 1 EL Öl zugeben und die Nudeln darin bissfest kochen.

2 In der Zwischenzeit die Nüsse je nach Geschmack grob hacken oder fein mahlen. Die Butter in einer kleinen Pfanne zerlassen, die gewaschenen, gehackten Salbeiblätter hineingeben und kurz angehen lassen.

3 Die Nudeln abgießen, in eine vorgewärmte Servierschüssel füllen, mit der Salbeibutter übergießen und durchmischen. Mit den Nüssen und dem Parmesan bestreut sofort zu Tisch bringen.

Vorbereitungszeit	10 Min.
Garzeit	20 Min.

WISSENSWERTES

Aus grünen, noch nicht völlig reifen Walnüssen wird in vielen Häusern Italiens noch heute ein süßer Likör hergestellt, der »nocino« genannt wird. Die Nüsse dafür werden am 24. Juni, am Tag Johannes des Täufers, geerntet.

Nützliche Tipps
Um den Nussgeschmack zu intensivieren, kann man die Walnüsse zunächst in einer beschichteten Pfanne unter ständigem Wenden und Rühren anrösten. Außerdem kann man die Buttermenge etwas verringern und zum Schluß zusätzlich 1 EL Walnussöl über die Nudeln geben.

Lange Nudeln

Paglia, fieno e piselli
Stroh, Heu und Erbsen

ZUTATEN
für 4 Portionen

200 g grüne Tagliatelle
200 g weiße Tagliatelle
Salz n. B.
1 EL Olivenöl extra vergine
100 g gekochter Schinken
20 g Butter
1 Zweig Salbei
1 kleiner Becher süße Sahne
200 g ausgepalte Erbsen
3 EL frisch geriebener Parmesan

BENÖTIGTE UTENSILIEN
2 Töpfe
1 Servierschüssel

Vorbereitungszeit	10 Min.
Garzeit	25 Min.

WISSENSWERTES
»Paglia e fieno«, Stroh und Heu, ist der feststehende Name eines italienischen Nudelgerichts, das grüne, mit Spinat gefärbte, und weiße Nudeln in einer Sahnesauce vereinigt.

EMPFOHLENE WEINE
Martina Franca (Apulien) bei 10 °C
Vernaccia di San Gimignano (Toskana) bei 10 °C

1 Wasser für die Nudeln aufsetzen. Wenn es kocht, Salz und 1 EL Öl zugeben und die Nudeln bissfest kochen.

2 In der Zwischenzeit den Schinken in feine Streifen schneiden. Die Butter in einem Topf zerlassen, die gewaschenen, gehackten Salbeiblätter hineingeben und kurz angehen lassen. Die Sahne angießen und die Erbsen zugeben, etwa 15 Minuten köcheln lassen.

3 Die gar gekochten Nudeln abgießen und in eine vorgewärmte Servierschüssel füllen. Den Schinken und die Sahnesauce zugeben, gut mischen und sofort servieren.

NÜTZLICHE TIPPS
Für eine sehr feine Version dieses Gerichts kann man statt der weißen Tagliatelle mit Safran gefärbte gelbe Tagliatelle verwenden. Statt der frischen Erbsen kann man tiefgefrorene nehmen, die höchstens noch 5 Minuten gekocht werden sollten.

Lange Nudeln

Tagliatelle verdi con lingua salmistrata
Grüne Bandnudeln mit gepökelter Zunge

EMPFOHLENE WEINE
Colli Euganei Merlot (Venetien) bei 16 °C
Sangiovese di Romagna (Emilia-Romagna) bei 16 °C

1 Wasser für die Nudeln aufsetzen. Wenn es kocht, Salz und 1 EL Öl zugeben und die Tagliatelle darin bissfest kochen.

2 In der Zwischenzeit die Zunge in feine Streifen schneiden. Die Butter in einem Topf zerlassen, die Sahne, den Parmesan, die Zunge sowie das Instantpulver zugeben und mit Salz und Pfeffer abschmecken. Ein paar Minuten auf mittlerer Hitze köcheln lassen, dabei rühren, damit nichts ansetzt.

3 Wenn die Nudeln gar sind, abgießen, kurz abschrecken und in eine vorgewärmte Schüssel füllen. Mit der Sauce übergießen, durchmischen, die gehackte Petersilie darüber streuen und sofort zu Tisch bringen.

ZUTATEN
für 4 Portionen

400 g grüne Tagliatelle
Salz und Pfeffer n. B.
1 EL Olivenöl extra vergine
100 g gepökelte Zunge in Scheiben
60 g Butter
1 kleiner Becher süße Sahne
60 g frisch geriebener Parmesan
1 Msp. Instantpulver für Gemüsebrühe
1 Bund Petersilie

BENÖTIGTE UTENSILIEN
2 Töpfe
1 Servierschüssel

Vorbereitungszeit	10 Min.
Garzeit	20 Min.

WISSENSWERTES
In Deutschland ist es üblich, Zunge in Salzlake einzupökeln und dann zu kochen. In Italien gilt »Lingua salmistrata«, gepökelte Zunge, als Delikatesse aus dem Piemont, die man nicht überall bekommen kann.

NÜTZLICHE TIPPS
Anstelle der Petersilie kann man fein geschnittene Schnittlauchröllchen über die Nudeln geben und statt der Zunge kann man fein geschnittene Streifen von kaltem Braten oder Roastbeef nehmen.

Lange Nudeln

Tagliatelle alla romana
Bandnudeln nach römischer Art

ZUTATEN
für 4 Portionen

400 g Tagliatelle
Salz und Pfeffer n. B.
1 EL Olivenöl extra vergine
1 Bund Petersilie
einige Zweige Majoran
40 g Walnüsse
200 g Ricotta romana
(siehe »Wissenswertes«)
2 EL frisch geriebener Pecorino

BENÖTIGTE UTENSILIEN
1 Topf
1 Schüssel
1 Servierschüssel

Vorbereitungszeit	10 Min.
Garzeit	20 Min.

WISSENSWERTES
Der echte Ricotta romana wird, wie der Pecorino, aus Schafmilch hergestellt. Er ist ziemlich trocken, etwas bröckelig und hat einen leicht säuerlichen Geschmack. Man kann ersatzweise Kuhmilchricotta oder Quark verwenden, die man auf einem Mulltuch abtropfen lassen sollte.

EMPFOHLENE WEINE
Colli Albani (Latium) bei 10 °C
Franciacorta bianco (Lombardei) bei 8 °C

❖

1 Wasser für die Nudeln aufsetzen. Wenn es kocht, Salz und 1 EL Öl zugeben und die Tagliatelle bissfest kochen.

2 In der Zwischenzeit die Petersilie und den Majoran waschen, die Blätter von den Stängeln zupfen und fein hacken. Die Nüsse grob hacken, zusammen mit dem Ricotta und dem Pecorino in einer Schüssel verrühren. Mit Salz und Pfeffer abschmecken.

3 Kurz bevor die Nudeln gar sind, 2–3 EL vom Kochwasser an die Ricottacreme geben und sie damit glatt rühren. Die bissfesten Nudeln abgießen, in eine Servierschüssel füllen, die Ricottacreme darüber geben und sofort zu Tisch bringen.

NÜTZLICHE TIPPS
Man kann für diese Zubereitung auch andere lange Nudeln nehmen. Statt Petersilie und Majoran kann man Thymian oder Estragon an die Creme geben. Die Walnüsse kann man durch Mandeln oder Pinienkerne ersetzen.

Lange Nudeln

Tagliatelle integrali agli aromi
Vollkornbandnudeln mit Würzkräutern

ZUTATEN
für 4 Portionen

500 g Vollkornmehl
2 Eier
knapp ½ Tasse lauwarmes Wasser
1 EL Olivenöl extra vergine
Salz und Pfeffer n. B.
1 EL gehackte Basilikumblätter
1 EL gehackte Petersilie
1 EL gehackte Salbeiblätter
gehackte Nadeln von
1 Zweig Rosmarin
zerlassene Butter

BENÖTIGTE UTENSILIEN
1 Nudelmaschine
1 Topf
1 Servierschüssel

EMPFOHLENE WEINE
Valdadige rosato (Venetien) bei 14 °C
Ischia rosso (Kampanien) bei 16 °C

1 Das Mehl auf die Arbeitsplatte häufen, eine Kuhle hineindrücken und in diese die Eier, das Wasser, das Öl, etwas Salz und Pfeffer sowie die gehackten Kräuter geben. Alles zu einem glatten Teig zusammenkneten.

2 Wenn der Teig weich und elastisch ist und nicht mehr klebt, einen Ball daraus formen, in eine Schüssel legen und mit einem Tuch bedeckt 30 Minuten ruhen lassen. Den Teig in drei Teile teilen, in die Nudelmaschine geben und zu Bandnudeln in gewünschter Breite und Dicke schneiden.

3 Die Nudeln in reichlich gesalzenem Wasser etwa 5 Minuten bissfest kochen, abgießen, abschrecken, in eine Schüssel geben und mit zerlassener Butter übergossen zu Tisch bringen.

Vorbereitungszeit	20 Min.
Standzeit	30 Min.
Garzeit	5 Min.

WISSENSWERTES

Von den etwa 60 Basilikumarten haben die kleinblättrigen Arten den intensivsten Geschmack. Die aromatischsten Basilikumblätter sind die kurz vor der Blüte geernteten; der Gehalt an ätherischen Ölen ist dann besonders hoch.

NÜTZLICHE TIPPS

Wer keine Nudelmaschine besitzt, kann die Vollkornnudeln auch mit der Hand auf bemehlter Fläche dünn ausrollen und mit einem scharfen Messer zu schmalen Bandnudeln schneiden. Der Butter, mit der man sie übergießt, kann man zusätzlich Knoblauch und gehackte Kräuter untermischen.

Tagliatelle con semi di papavero
Bandnudeln mit Mohn

ZUTATEN
für 4 Portionen

400 g Tagliatelle
Salz n. B.
3 EL Sesamöl
60 g Mandeln
2 EL Mohnsamen

BENÖTIGTE UTENSILIEN

2 Töpfe
1 große Pfanne
1 Servierschüssel

EMPFOHLENE WEINE
Freisa d'Asti secco (Piemont) bei 16 °C
Montecarlo rosso (Toskana) bei 16 °C

1 Reichlich Wasser für die Nudeln aufsetzen. Wenn es kocht, Salz und 1 EL Öl zugeben und die Tagliatelle bissfest kochen.

2 In der Zwischenzeit in einer großen Pfanne das Öl erwärmen, die Mandeln und den Mohn zugeben und ein wenig anrösten lassen.

3 Wenn die Nudeln gar sind, gießt man sie ab, lässt sie abtropfen und gibt sie in die Pfanne, wo man sie kurz durchschwenkt, damit sie ganz vom Öl überzogen werden. Anschließend die Nudeln in eine vorgewärmte Schüssel umfüllen und sofort zu Tisch bringen.

Vorbereitungszeit	20 Min.
Garzeit	20 Min.

WISSENSWERTES

Die Mohnpflanze, die ursprünglich nur in Asien beheimatet war, enthält in jeder ihrer reifen Samenkapseln 3 000 kleine, schwarze Samenkörnchen. Aus dem Saft der noch unreifen Kapseln gewinnt man ein Alkaloid, aus dem man Opium herstellt.

NÜTZLICHE TIPPS
Man sollte für dieses einfache Gericht nach Möglichkeit frische Mandeln verwenden. Um die bitter schmeckende braune Haut von den Kernen zu entfernen, blanchiert man sie 2 Minuten in kochendem Wasser. Dann gießt man sie auf ein Sieb ab, lässt sie abtropfen und schlägt sie in ein sauberes Geschirrtuch. Wenn man die Mandeln darin gut durchknetet, lösen sich die Häutchen gut ab.

Lange Nudeln

Spaghetti alla versiliese
Versiliesische Spaghetti

ZUTATEN
für 4 Portionen

400 g küchenfertige kleine Fische
2 Bund Petersilie
2 Knoblauchzehen
1 Zwiebel
1 Stange Lauch
4–6 EL Olivenöl extra vergine
2 EL Tomatenmark
400 g Spaghetti
Salz n. B.

BENÖTIGTE UTENSILIEN
1 Pfanne
1 Passiersieb
1 Topf
1 Servierschüssel

Vorbereitungszeit	15 Min.
Garzeit	1 Std. 30 Min.

WISSENSWERTES
Fisch gehört zu den besonders gesunden Nahrungsmitteln. Er ist reich an hochwertigem Eiweiß, verfügt über wichtige Vitamine der B-Gruppe und ist darüber hinaus ein wichtiger Jodlieferant.

Empfohlene Weine
Pomino bianco (Toskana) bei 10 °C
Bianco di Custoza (Venetien) bei 10 °C

1 Die Fische putzen, gründlich waschen und in grobe Stücke schneiden. Petersilie, Knoblauch, Zwiebel und Lauch (nur den weißen Teil) miteinander grob hacken. Öl in einer Pfanne erhitzen, die Zwiebel hineingeben und glasig dünsten, dann die anderen Zutaten zugeben. Nach etwa 2 Minuten auch das Tomatenmark zugeben und so viel heißes Wasser angießen, dass der Pfanneninhalt gerade bedeckt ist. Den Deckel auflegen und noch etwa 1½ Stunden köcheln lassen.

2 Wasser für die Nudeln aufsetzen. Wenn es kocht, Salz und 1 EL Öl zugeben und die Spaghetti bissfest kochen. Kurz bevor die Spaghetti fertig sind, den Pfanneninhalt in ein Passiersieb geben und durchstreichen. Was im Sieb hängen bleibt, wegwerfen.

3 Die Spaghetti abgießen, abschrecken und in eine vorgewärmte Servierschüssel füllen. Das Fischpüree darüber geben, gut mischen und sofort mit etwas Petersilie bestreut zu Tisch bringen.

Nützliche Tipps
Für dieses Gericht kann man alle kleinen Fische verwenden, die gerade frisch im Angebot sind – Sprotten, Stinte, Sardellen, Sardinen, Pilchard o. Ä. Wenn man zum Schluss alles durch ein feines Passiersieb streicht, muss man sich um die Gräten keine Gedanken machen – sie bleiben im Sieb hängen.

Lange Nudeln

Bucatini alla paesana
Röhrennudeln nach Landessitte

ZUTATEN

für 4 Portionen

150 g getrocknete weiße Bohnen
je 1 Lorbeer- und 1 Salbeiblatt
2 Zweige Rosmarin
80 g geräucherter Bauchspeck
1 Zwiebel
1 Knoblauchzehe
1 rote Chilischote
4 EL Olivenöl extra vergine
400 g Bucatini
Salz n. B.
2 EL frisch geriebener Parmesan

BENÖTIGTE UTENSILIEN

2 große Töpfe
1 Pfanne
1 Servierschüssel

Einweichzeit	12 Std.
Vorbereitungszeit	15 Min.
Garzeit	1 Std. 30 Min.

WISSENSWERTES

Bucatini (»kleine Durchstochene«) sind eine Spezialität aus dem Latium. Sie sehen aus wie Spaghetti, sind aber innen hohl wie Makkaroni. Ihnen folgen in gleicher Art, jedoch in wachsender Größe »perciatelli«, »mezzanelli«, »mezzani«, »zite« und »zitoni«. Einem italienischen Witz zufolge sind die Röhren von »zite« und »zitoni« weit genug, um sie mit Spaghetti zu füllen.

EMPFOHLENE WEINE
Valpolicella (Venetien) bei 16 °C
Colli Martani Sangiovese (Umbrien) bei 16 °C

1 Die Bohnen in einem Topf in reichlich kaltem Wasser 12 Stunden (oder über Nacht) einweichen. Mit frischem Wasser, dem das Lorbeerblatt und 1 Zweig Rosmarin beigegeben sind, zum Kochen aufsetzen und etwa 1 Stunde lang knapp gar kochen.

2 Inzwischen den Bauchspeck in feine Streifen schneiden, die Zwiebel und den Knoblauch pellen, zusammen mit dem zweiten Zweig Rosmarin und dem Salbei fein hacken. Die Chilischote halbieren, die Kerne auskratzen, das Fruchtfleisch sehr klein schneiden.

3 Öl in einer Pfanne erhitzen, die erwähnten Zutaten hineingeben und angehen lassen, dann die abgegossenen Bohnen zugeben, durchrühren und zugedeckt köcheln lassen, bis die Nudeln gar sind. Bringen Sie die Nudeln anschließend in Salzwasser, dem 1 EL Öl zugesetzt ist, zum Kochen.

4 Die bissfest gekochten Nudeln zu den Bohnen geben, alles durchmischen, in eine Servierschüssel füllen und mit Parmesan bestreut zu Tisch bringen.

NÜTZLICHE TIPPS

Wer wenig Zeit hat, verwendet vorgekochte weiße Bohnen aus der Dose. Man lässt sie auf einem Sieb abtropfen, spült sie mit Wasser ab und hält die Kochzeit möglichst kurz, da Bohnen aus der Dose sehr weich sind und relativ leicht zerfallen.

Lange Nudeln

Spaghetti con asparagi e mandorle
Spaghetti mit Spargel und Mandeln

ZUTATEN
für 4 Portionen

400 g Spaghetti
Salz und Pfeffer n. B.
1 EL Olivenöl extra vergine
50 g Butter
60 g Mandelblätter
300 g grüne Spargelköpfe
4 EL frisch geriebener Parmesan

BENÖTIGTE UTENSILIEN
1 Topf
1 tiefe Pfanne
Küchenpapier
1 Servierplatte

EMPFOHLENE WEINE
Montecompatri (Latium) bei 10 °C
Aquileia del Friuli Chardonnay bei 10 °C

1 Wasser für die Nudeln aufsetzen. Wenn es kocht, Salz und 1 EL Öl zugeben und die Spaghetti bissfest kochen.

2 In der Zwischenzeit die Butter in einer Pfanne schmelzen und die Mandelblätter darin goldbraun werden lassen. Die Mandeln mit einer Schaumkelle herausheben und auf Küchenpapier abtropfen lassen.

3 Die Spargelköpfe in die Butter geben und bei geschlossenem Deckel garen. Falls nötig etwas von dem Kochwasser der Spaghetti zugeben. Salzen und pfeffern.

4 Die Nudeln abgießen, in die Pfanne zu den Spargelköpfen geben und gut mischen. Die Mandeln zufügen, auf eine Servierplatte umfüllen und mit Parmesan bestreut servieren.

Vorbereitungszeit	15 Min.
Garzeit	20 Min.

WISSENSWERTES
Spargel sind unterirdisch wachsende junge Frühjahrssprossen, die mühsam einzeln gestochen werden müssen. Das schon von den Römern sehr geschätzte Gemüse kann weiß, grün und leicht violett sein. Der grüne Spargel muss nicht geschält werden.

NÜTZLICHE TIPPS
Ausschließlich Spargelköpfe zu verwenden ist ein übertriebener Luxus. Man kann auch die ganzen Spargelstangen in etwa 4–5 cm lange Stücke schneiden, allerdings sollte man die Köpfe dann erst zum Schluss in die Pfanne geben, denn sie garen erheblich schneller als die restlichen Stangen. Diese kann man auch einfrieren und später an eine Gemüsesuppe geben.

Lange Nudeln

Spaghetti alle zucchine
Spaghetti mit Zucchini

EMPFOHLENE WEINE
Colli Piacentini Ortrugo (Emilia-Romagna) bei 10 °C
Bianco delle Colline Lucchesi (Toskana) bei 10 °C

❖

1 Wasser für die Nudeln aufsetzen. Wenn es kocht, Salz und 1 EL Öl zugeben und die Spaghetti darin bissfest kochen.

2 In der Zwischenzeit die Zucchini putzen, waschen und in Scheiben schneiden. Das Öl in eine Pfanne geben, erhitzen und die Zucchini darin anbraten. Salzen und pfeffern. Die Petersilie waschen, trocken tupfen und fein hacken.

3 Wenn die Spaghetti gar sind, abgießen, abtropfen lassen und zu den gebratenen Zucchini geben. Gut mischen, auf eine Servierplatte umfüllen und mit Petersilie bestreut servieren.

ZUTATEN
für 4 Portionen

400 g Spaghetti
Salz und Pfeffer n. B.
4 EL Olivenöl extra vergine
4 Zucchini
1 Bund Petersilie

BENÖTIGTE UTENSILIEN
1 Topf
1 tiefe Pfanne
1 Servierplatte

Vorbereitungszeit	15 Min.
Garzeit	20 Min.

WISSENSWERTES
Obwohl Zucchini den Gurken ähnlich sehen, gehören sie zu den Gartenkürbissen. Neben den üblicherweise angebotenen grünen Zucchini sind inzwischen auch die geschmacklich kaum unterscheidbaren gelben Zucchini im Angebot.

NÜTZLICHE TIPPS
Je kleiner die Zucchini, desto fester im Fleisch und desto schmackhafter sind sie. Kann man nur große Zucchini bekommen, so sollte man sie längs halbieren und das Kerngehäuse mit einem Löffel auskratzen. Anstelle der Petersilie kann man frischen gehackten Liebstöckel zum Bestreuen verwenden.

Lange Nudeln

Tagliatelle con patate e cavolo nero
Bandnudeln mit Kartoffeln und Gartenkohl

ZUTATEN

für 4 Portionen

400 g Gartenkohl
(siehe »Wissenswertes«)
250 g fest kochende Kartoffeln
Salz n. B.
400 g Tagliatelle
(hausgemacht oder frische Fertigware)
4 EL Olivenöl extra vergine
2 EL frisch geriebener Parmesan

BENÖTIGTE UTENSILIEN

1 Topf
1 Servierschüssel

Empfohlene Weine
Colli Tortonesi Cortese (Piemont) bei 12 °C
San Severo rosato (Apulien) bei 14 °C

1 Den Kohl putzen, die äußeren Blätter und die harten Stängel entfernen, waschen und das Grün in feine Streifen schneiden. Die Kartoffeln schälen und in kleine Stücke schneiden.

2 In einem großen Topf reichlich Wasser aufsetzen und kräftig salzen. Den Kohl und die Kartoffeln hineingeben und 12 Minuten garen, dann die Tagliatelle zufügen und weitere 5 Minuten garen, bis die Nudeln bissfest sind. Alles zusammen abgießen, in eine Servierschüssel füllen, mit dem Öl übergießen, gut mischen und bei Tisch mit Parmesan überstreuen.

Vorbereitungszeit	15 Min.
Garzeit	30 Min.

WISSENSWERTES

Der für dieses Rezept vorgesehene Garten- oder Winterkohl (Brassica oleracea acephala) ist insofern untypisch, als er dunkle Blätter hat, die sich nicht zum Kopf schließen. Er ist dem Grünkohl ähnlich, hat aber im Gegensatz zu diesem glatte Blätter.

Nützliche Tipps
Da dieses schlichte Gericht von der Qualität der Nudeln und Kartoffeln lebt, sollte man nur selbst gemachte oder frische Eiernudeln verwenden und nur sehr junge, feste Kartoffeln nehmen. Für selbst gemachte Nudeln verknetet man 300 g Mehl mit 3 Eiern (Klasse M) und etwas Salz, lässt den Teig 1 Stunde ruhen, rollt ihn dünn aus und schneidet dann die Tagliatelle.

Lange Nudeln

Reginette al pesto rosso
Krausbandnudeln mit rotem Pesto

ZUTATEN

für 4 Portionen

400 g Reginette
1 EL Olivenöl extra vergine
Salz n. B.
1 getrocknete Chilischote
4 EL Tomatenpüree
150 g Pesto Genovese
(siehe »Nützliche Tipps«)
frisch geriebener Parmesan

BENÖTIGTE UTENSILIEN

1 Topf
1 große Pfanne
1 Servierschüssel

EMPFOHLENE WEINE
Gioia del Colle bianco (Apulien) bei 12 °C
Colli di Luni bianco (Ligurien) bei 12 °C

❖

1 Wasser für die Nudeln aufsetzen. Wenn es kocht, Salz und 1 EL Öl zugeben und die Reginette darin bissfest kochen.

2 Kurz vor Ende der Kochzeit das Olivenöl in einer Pfanne erwärmen und die zwischen den Fingern zerbröselte Chilischote hineingeben, dann das Tomatenpüree zufügen und einmal aufwallen lassen. Vom Herd nehmen und den Pesto einrühren.

3 Die Nudeln abgießen, in eine vorgewärmte Servierschüssel füllen, die Sauce darüber geben, gut mischen und sofort servieren. Bei Tisch nach Belieben mit Parmesan überstreuen.

Vorbereitungszeit	5 Min.
Garzeit	20 Min.

WISSENSWERTES

Pesto (»Zerstoßenes«) ist eine im Mörser zubereitete kalte Saucenspezialität der ligurischen Küche, deren wichtigster Bestandteil das frische Basilikum ist. Man isst den Pesto nicht nur zu Nudeln, sondern auch zu Kartoffelnocken oder gibt ihn in die Gemüsesuppe.

NÜTZLICHE TIPPS
Man kann Pesto Genovese fertig im Glas kaufen, doch sind fast alle Fertigprodukte ganz oder teilweise mit Petersilie »verlängert«. Für selbst gemachten Pesto, der sich im Kühlschrank einige Zeit hält, gibt man die Blätter von 3 Bund Basilikum, 3 EL Pinienkerne, 3 rohe Knoblauchzehen, je 30 g Pecorino und Parmesan sowie 1/8 l Olivenöl extra vergine in den Standmixer und bereitet daraus eine homogene Sauce; mit Salz abschmecken.

Lange Nudeln

Spaghetti mandorlati
Spaghetti mit Mandeln

ZUTATEN
für 4 Portionen

400 g Spaghetti
Salz n. B.
1 EL Olivenöl extra vergine
30 g Mandeln
1 EL Pinienkerne
1 Avocado
Saft von ½ Zitrone
30 g Butter

BENÖTIGTE UTENSILIEN
1 Topf
1 kleine Pfanne
1 Servierschüssel

Vorbereitungszeit	10 Min.
Garzeit	20 Min.

WISSENSWERTES
Die Avocado hat sehr weiches, ölhaltiges Fruchtfleisch von neutralem Geschmack, weshalb man sie süß und salzig zubereiten kann. Man kann sie auch mild erhitzen, doch sollte man sie nicht kochen.

EMPFOHLENE WEINE
Cortese di Gavi (Piemont) bei 10 °C
Alcamo bianco (Sizilien) bei 10 °C

❖

1 Reichlich Wasser für die Nudeln aufsetzen. Wenn es kocht, Salz und 1 EL Öl zugeben und die Spaghetti bissfest kochen.

2 In der Zwischenzeit die Mandeln und die Pinienkerne zusammen grob hacken. Die Avocado schälen (wenn sich die Haut leicht abziehen lässt, hat sie die richtige Reife), halbieren und den Kern entfernen. Das Fruchtfleisch in kleine Würfel schneiden und sofort mit dem Zitronensaft beträufeln, damit es nicht braun wird.

3 Die Butter in einer Pfanne zerlassen, die gehackten Nüsse hineingeben und etwas Farbe annehmen lassen. Mit ein paar Esslöffeln vom Kochwassser der Spaghetti ablöschen, durchrühren und auf der abgestellten Herdplatte stehen lassen.

4 Die Nudeln abgießen, in eine vorgewärmte Schüssel füllen, die Mandelsauce und die Avocadowürfel zugeben, salzen, gut mischen und sofort servieren.

NÜTZLICHE TIPPS
Man sollte für dieses schlichte Spaghettigericht möglichst frische Mandeln verwenden (siehe hierzu »Nützliche Tipps«, S. 28). Gut geeignet sind auch Macadamianüsse und Pistazien.

Lange Nudeln

Spaghetti con salsa al basilico
Spaghetti mit Basilikumsauce

ZUTATEN
für 4 Portionen

400 g Spaghetti
Salz n. B.
1 Tasse Olivenöl extra vergine
120 g Basilikumblätter
10 Walnusskerne
2 EL frisch gemahlener Pecorino

BENÖTIGTE UTENSILIEN
1 Topf
1 Standmixer
1 Servierschüssel

Vorbereitungszeit	10 Min.
Garzeit	20 Min.

WISSENSWERTES

Das Basilikum gehört botanisch in die Familie der Lippenblütler. Es wird je nach Art 20 bis 40 cm hoch. Sein Name kommt aus dem Griechischen, wo »basileus« der König bedeutet.

EMPFOHLENE WEINE
Cinque Terre (Ligurien) bei 10 °C
Capri bianco (Kampanien) bei 10 °C

❖

1 In einem großen Topf Wasser für die Nudeln aufsetzen. Wenn es kocht, Salz und 1 EL Öl zugeben und die Spaghetti bissfest kochen.

2 In der Zwischenzeit die gewaschenen, gut abgetrockneten Basilikumblätter in den Standmixer geben. Die Walnüsse, Salz, Pecorino und Olivenöl zugeben und durchmixen, bis eine einheitliche Paste entstanden ist. Sollte sie zu dick erscheinen, ein paar Esslöffel vom Kochwasser der Spaghetti zugeben.

3 Wenn die Nudeln gar sind, abgießen, in eine vorgewärmte Schüssel füllen, die Basilikumsauce darüber geben, gut mischen und sofort servieren.

NÜTZLICHE TIPPS

Wer die Basilikumsauce auf traditionelle Art zubereiten will, muss die Nüsse und das Basilikum zunächst grob hacken, dann in einen Reibmörser geben und dort zusammen mit dem Öl und dem Käse zu einer dicken Paste zerreiben. Anstelle des sehr kräftigen Pecorinos kann man den milderen Parmesan verwenden, doch sollte der Käse immer vom Stück sein und frisch gerieben werden.

Lange Nudeln

Tagliolini in pasticcio
Feine Bandnudeln durcheinander

ZUTATEN
für 4 Portionen

30 g Rosinen
8 EL Olivenöl extra vergine
Salz n. B.
400 g Tagliolini
1 Zweig Rosmarin
4–5 Salbeiblätter
100 g geräucherte Gänsebrust
30 g Pinienkerne
4 EL Semmelbrösel

BENÖTIGTE UTENSILIEN

1 kleine Schüssel
1 Topf
1 kleine Pfanne
1 flache Auflaufform

Vorbereitungszeit	25 Min.
Garzeit	8 Min.
Gratinierzeit	20 Min.

WISSENSWERTES

Das italienische Wort »pasticcio« bedeutet zwar Pastete, aber auch so viel wie Sammelsurium, Mischmasch oder Schlamassel. Der Ausruf »Che pasticcio!« besagt etwa dasselbe wie im Deutschen »Schöne Bescherung!«.

EMPFOHLENE WEINE
Colli Berici Tocai rosso (Venetien) bei 14 °C
Velletri rosso (Latium) bei 16 °C

1 Die Rosinen in einer kleinen Schüssel mit lauwarmem Wasser übergießen und 20 Minuten quellen lassen.

2 Reichlich Wasser zum Kochen bringen, salzen, 1 EL Öl zugeben und die Nudeln darin bissfest kochen. Den Backofen auf 180 °C vorheizen.

3 Die Rosmarinnadeln zusammen mit dem Salbei fein hacken und die Gänsebrust in kleine Würfel schneiden. 4 EL Öl in einer Pfanne erhitzen, Kräuter und Gänsebrust hineingeben und 5 Minuten anbraten.

4 Die Nudeln abgießen, in die Pfanne geben, Pinienkerne und abgetropfte Rosinen zufügen, durchmischen und in eine Auflaufform füllen. Das verbliebene Öl und die Semmelbrösel darüber geben und etwa 20 Minuten im Ofen überbacken. Heiß in der Form servieren.

NÜTZLICHE TIPPS
Geräucherte rohe Gänsebrust wird nicht immer angeboten; man kann stattdessen geräucherten rohen Schinken nehmen. Das Originalrezept sieht sogar eine Gänsesalami vor, die in bestimmten Gegenden Norditaliens zu haben ist, wo Gänse in der Ernährung einst dieselbe Bedeutung hatten wie hierzulande Schweinefleisch.

Lange Nudeln

Spaghettoni alle rose
Spaghettoni mit Rosenblättern

ZUTATEN
für 4 Portionen

400 g Spaghettoni (dicke Spaghetti)
Salz n. B.
1 EL Olivenöl extra vergine
30 g Rosenblätter
120 g magerer gekochter Schinken
20 g Butter
2 dl süße Sahne

BENÖTIGTE UTENSILIEN

1 Topf
1 Pfanne
1 Servierschüssel

Empfohlene Weine
Erbaluce di Caluso (Piemont) bei 10 °C
Trentino Chardonnay bei 10 °C

1 Reichlich Wasser zum Kochen bringen, salzen und 1 EL Öl zugeben. Die Spaghettoni darin bissfest kochen.

2 Inzwischen die Blütenblätter von den unbehandelten Rosen zupfen und mit einem feuchten Tuch vorsichtig abtupfen. Einige Blätter ganz lassen, den Rest zerzupfen. Den Schinken in feine Streifen schneiden.

3 Die Butter in einer Pfanne zerlassen und den Schinken darin etwas angehen lassen. Dann mit der Sahne ablöschen und aufwallen lassen. Die Rosenblätter hineingeben und alles warm halten.

4 Die Nudeln abgießen, in die Pfanne geben, gut durchmischen und salzen. Die Nudeln in die vorgewärmte Servierschüssel umfüllen und mit den ganzen Rosenblättern garniert sofort zu Tisch bringen.

Vorbereitungszeit	10 Min.
Garzeit	20 Min.

WISSENSWERTES

Die Verwendung von Rosenblättern in der Küche hat eine lange Tradition. Vor allem Rosenwasser und -essenz verwendet man gern auch für Süßspeisen. Marzipan wird oft mit Rosenwasser parfümiert und mit Zucker kandierte Rosenblätter dienen als Garnierung von Torten und Desserts.

Nützliche Tipps
Die verwendeten Rosen sollten gerade erst aufgeblüht und möglichst frisch sein. Damit dieses delikate Gericht gut zur Geltung kommt, sollten Sie es auf weißem Geschirr servieren.

Lange Nudeln

Spaghettini con noci e gorgonzola
Spaghettini mit Nüssen und Gorgonzola

EMPFOHLENE WEINE
Colli Euganei Merlot (Venetien) bei 16 °C
Velletri rosso (Latium) bei 16 °C

1 In einem großen Topf reichlich Wasser zum Kochen bringen, salzen, 1 EL Öl zugeben und die Spaghettini darin bissfest kochen.

2 Inzwischen den Gorgonzola in einer kleinen Schüssel mit einer Gabel zerdrücken, dann den Wodka und die Petersilie einarbeiten.

3 Die Butter in einem kleinen Topf zerlassen, ohne dass sie bräunt. Die Gorgonzolamischung hineingeben und unter Rühren mit einem Holzlöffel zu einer cremigen Sauce verlaufen lassen. Die grob gehackten Walnüsse zugeben und vom Herd nehmen.

4 Die gegarten Nudeln abgießen und in eine vorgewärmte Servierschüssel füllen. Die Gorgonzolasauce darüber geben, gut mischen und sofort servieren.

ZUTATEN
für 4 Portionen

400 g Spaghettini (dünne Spaghetti)
Salz n. B.
1 EL Olivenöl extra vergine
100 g Gorgonzola
1 EL Wodka
1 Bund Petersilie, gehackt
50 g Butter
8 ganze Walnüsse

BENÖTIGTE UTENSILIEN

1 Topf
1 kleine Schüssel
1 kleiner Topf
1 Servierschüssel

Vorbereitungszeit	10 Min.
Garzeit	20 Min.

WISSENSWERTES

Der Reifungsprozess des Gorgonzolas beträgt 2–3 Monate bei einer Temperatur zwischen 5 und 8 °C. Er wird in dieser Zeit immer dichter vom Blauschimmel durchzogen (entsprechend schärfer wird sein Geschmack), während die Konsistenz trockener wird.

NÜTZLICHE TIPPS
Wem der Geschmack des Wodkas nicht behagt, kann stattdessen Rum oder Grappa nehmen. Wer den Alkohol gänzlich meiden will, nimmt 1 EL Sahne, Milch oder auch das Kochwasser der Spaghettini.

Alle tre verdure	S. 50	Con zucchine e cipolle	S. 51	Con zucchine ed emmental	S. 52
Con funghi e pomodoro	S. 54	Con pollo e pesto	S. 56	Alle cozze	S. 58
Con piselli	S. 60			Con zucca e olive nere	S. 62
Del vegetariano	S. 63	Con fricassea di coniglio	S. 64	Alle olive	S. 66
Alla siciliana	S. 68	Di Trastevere	S. 70	Alle cime di cola	S. 72

Kurze Nudeln

All'agro   S. 74   Al curry   S. 75

Al prezzemolo e basilico   S. 76   Alle cipolle   S. 78

Brianzole   S. 80

Con crema di fagiolini   S. 82   Al finocchio selvatico   S. 84

Ai formaggi   S. 86   Al peperone   S. 87

Kurze Nudeln

Penne alle tre verdure
Penne mit drei Gemüsen

ZUTATEN
für 6 Portionen

600 g Penne
Salz und Pfeffer n. B.
5 EL Olivenöl extra vergine
250 g grüne Bohnen
300 g junger Mangold, geputzt
300 g Spinat, verlesen
1 Zwiebel
1 Knoblauchzehe
6 Tomaten, gehäutet, filetiert
160 g Thunfisch im eigenen Saft
2 EL Sahne
2 EL frisch geriebener Parmesan

BENÖTIGTE UTENSILIEN
2 Töpfe
1 tiefe Pfanne

EMPFOHLENE WEINE
Nuragus di Cagliari (Sardinien) bei 10 °C
Franciacorta bianco (Lombardei) bei 8 °C

1 Reichlich Wasser zum Kochen bringen, salzen, 1 EL Öl zugeben und die Penne darin bissfest kochen. Zugleich mit dem Nudelwasser eine kleinere Portion Wasser für die Bohnen aufsetzen. Bis das Wasser kocht, die Bohnen putzen und in Stücke schneiden, dann 8 Minuten im kochenden Wasser blanchieren und abgießen.

2 Inzwischen das Grün der Mangoldblätter und den Spinat in grobe Streifen schneiden. Zwiebel und Knoblauch pellen und grob hacken, dann in einer Pfanne im Olivenöl glasig dünsten. Die Blattgemüse zugeben und zusammenfallen lassen, die Bohnen, die Tomatenfilets und den abgetropften, zerzupften Thunfisch zufügen, salzen und pfeffern und bei geschlossenem Deckel köcheln lassen, bis die Nudeln gar sind.

3 Die Nudeln abgießen, in die Pfanne zu den Gemüsen geben, Sahne zufügen, gut mischen und mit Parmesan bestreut servieren.

Vorbereitungszeit	15 Min.
Garzeit	30 Min.

WISSENSWERTES
Der Thunfisch, der frisch eine dunkle, rotbraune Färbung hat, bekommt durch das Garen eine helle Farbe. Er wird in der italienischen Küche gern als frischer Fisch geschmort oder gegrillt.

NÜTZLICHE TIPPS
Das Gericht wird schmackhafter, wenn man statt des Dosenthunfischs 200 g frischen Thunfisch verwendet. Man schneidet das Fleisch in kleine Würfel und gart es wenige Minuten in einer beschichteten Pfanne ohne alle Zugaben im eigenen Saft.

Kurze Nudeln

Penne con zucchine e cipolle
Penne mit Zucchini und Zwiebeln

EMPFOHLENE WEINE
*Riviera Ligure di Ponente Vermentino bei 10 °C
Martina Franca (Apulien) bei 10 °C*

❖

1 Reichlich Wasser zum Kochen bringen, salzen, 1 EL Öl zugeben und die Penne darin bissfest kochen. Die Zucchini putzen, waschen und in dünne Scheiben schneiden. Die Zwiebeln pellen und in Ringe schneiden.

2 In einer Pfanne ausreichend Pflanzenöl heiß werden lassen. Aus Speisestärke, Milch, Bier, Salz und Eigelb einen Teig rühren, das Eiweiß steif schlagen und unterheben. Die Zucchinischeiben und die Zwiebelringe durch den Teig ziehen, im heißen Fett ausbacken, mit der Schaumkelle herausnehmen und auf Küchenpapier abtropfen lassen; anschließend salzen.

3 Die bissfesten Penne abgießen, in eine vorgewärmte Schüssel füllen, Olivenöl, Parmesan und Basilikum darüber geben und durchmischen. Dann die frittierten Gemüse zugeben, nochmals gut mischen und servieren.

ZUTATEN
für 4 Portionen

400 g Penne
2 EL Olivenöl extra vergine
Salz und Pfeffer n. B.
350 g Zucchini
2 Zwiebeln
Pflanzenöl zum Frittieren
2 EL Speisestärke
1 EL Milch
½ Tasse helles Bier
2 Eier, getrennt
3 EL frisch geriebener Parmesan
8 Basilikumblätter, gehackt

BENÖTIGTE UTENSILIEN

2 Töpfe
2 Rührschüsseln
1 Pfanne
Küchenpapier
1 Servierschüssel

Vorbereitungszeit	20 Min.
Garzeit	30 Min.

WISSENSWERTES

Die aus Getreide, Kartoffeln oder Mais hergestellte Speisestärke wird als Bindemittel für Pudding, Suppen und Saucen verwendet. Damit sie nicht klumpt, rührt man sie vor der Zugabe an die Speisen kalt an. Danach muss das Gericht mindestens einmal aufwallen.

NÜTZLICHE TIPPS
Damit das Gericht gut gelingt, kommt es auf das Timing an. Die Gemüse sollten vorbereitet und der Ausbackteig sollte angerührt sein, wenn man die Nudeln ins Wasser gibt. Fertig ausgebackene Gemüse hält man im Backofen bei 120 °C warm und knusprig.

Kurze Nudeln

Penne con zucchine ed emmental
Penne mit Zucchini und Emmentaler

ZUTATEN
für 4 Portionen

500 g Penne
3 EL Olivenöl extra vergine
Salz n. B.
350 g Zucchini
1 Zwiebel
1 Knoblauchzehe
1 EL gehackte Petersilie
½ TL Gemüsebrühe (Instantpulver)
1 Prise Muskatnuss
1 Prise getrockneter Thymian
200 g Emmentaler
½ Tasse Milch
1 Eigelb

BENÖTIGTE UTENSILIEN
2 Töpfe
1 Wasserbadtopf
1 Servierschüssel

Vorbereitungszeit	20 Min.
Garzeit	40 Min.

WISSENSWERTES
Der Emmentaler mit seinen typischen großen Löchern ist der Schweizer Käse schlechthin. Es handelt sich um einen Hartkäse aus Kuhmilch mit 45 % Fett i. Tr., weshalb er leicht schmilzt und zum Kochen, Überbacken und für Fondues sehr geeignet ist.

EMPFOHLENE WEINE
San Severo rosato (Apulien) bei 12 °C
Colli di Luni rosso (Ligurien) bei 14 °C

1 In einem großen Topf reichlich Wasser zum Kochen bringen, salzen, 1 EL Öl zugeben und die Penne darin bissfest kochen.

2 Die Zucchini putzen, waschen und in kleine Würfel schneiden. Zwiebel und Knoblauch pellen und klein hacken, in Öl in einem Topf glasig dünsten, dann die Zucchini und die Petersilie zugeben. Das Instantpulver in ½ Tasse lauwarmem Wasser lösen und zugeben, mit Muskat, Thymian, Salz und Pfeffer würzen; anschließend zugedeckt köcheln lassen.

3 In der Zwischenzeit in einem Wasserbadtopf aus Emmentaler, Milch und Eigelb ein Käsefondue herstellen (s. S. 10) und warm halten.

4 Die fertigen Nudeln abgießen, mit den Zucchini und der Käsesauce mischen, in eine vorgewärmte Schüssel füllen und servieren.

NÜTZLICHE TIPPS
Statt des Emmentalers kann man auch einen Raclette, Greyerzer, Vacherin oder eine beliebige Mischung aus diesen Käsen verwenden. Man kann der Käsesauce, wie es beim Schweizer Fondue üblich ist, einen Schuss Kirschwasser zugeben.

Kurze Nudeln

Eliche con funghi e pomodoro
Spiralnudeln mit Pilzen und Tomate

ZUTATEN

für 4 Portionen

400 g Spiralnudeln
4 EL Olivenöl extra vergine
Salz und Pfeffer n. B.
400 g frische Pilze
(siehe »Wissenswertes«)
2 Knoblauchzehen
250 g Tomaten
1 Bund Basilikum
3 Stängel Petersilie
1 Msp. Cayenne

BENÖTIGTE UTENSILIEN

1 Pfanne
2 Töpfe
1 Servierschüssel

Vorbereitungszeit	15 Min.
Garzeit	20 Min.

WISSENSWERTES

Ein für dieses Rezept sehr empfehlenswerter Pilz ist der Austernseitling. Sein bis zu 15 cm breiter Hut ist muschelförmig, fest und von aschgrauer bis graubrauner Farbe. Der Baumpilz war einst ein typischer Sammlerpilz, wird aber heute zunehmend kultiviert.

EMPFOHLENE WEINE
Oltrepò Pavese Pinot grigio (Lombardei) bei 10 °C
San Severo rosato (Apulien) bei 12 °C

❖

1 Reichlich Wasser zum Kochen bringen, salzen, 1 EL Öl zugeben und die Spiralnudeln darin bissfest kochen.

2 Die Pilze putzen, mit einem feuchten Tuch abwischen und in Streifen schneiden. Den Knoblauch pellen und zerdrücken. Die Tomaten in kochendes Wasser geben, bis die Haut platzt. Abziehen und das Fruchtfleisch ohne die Kerne in Streifen schneiden. Basilikum und Petersilie waschen, trocken tupfen und fein hacken.

3 Öl in einer Pfanne erhitzen, den Knoblauch hineingeben und andünsten, dann die Pilze und die Petersilie zufügen. Unter Rühren 3 Minuten schmoren lassen, Cayenne und Tomaten zugeben und weitere 5 Minuten schmoren lassen.

4 Die Nudeln abgießen und in eine vorgewärmte Schüssel füllen. Die Pilzsauce darüber geben, durchmischen und mit Basilikum bestreut sofort zu Tisch bringen.

NÜTZLICHE TIPPS

Statt der Austernpilze kann man 200 g frische Steinpilze verwenden, die man mit 60 g getrockneten Steinpilzen mischt. Die getrockneten Pilze müssen zunächst 30 Minuten in lauwarmem Wasser eingeweicht werden.

Kurze Nudeln

Farfalle con pollo e pesto
Schmetterlingsnudeln mit Huhn und Pesto

ZUTATEN
für 4 Portionen

200 g Hühnerbrustfilet
Salz und Pfeffer n. B.
4 EL Olivenöl extra vergine
1 Lorbeerblatt
1 Zweig Basilikum
1 Zweig Petersilie
4 EL trockener Weißwein
400 g Farfalle
(Schmetterlingsnudeln)
100 g Pesto (s. S. 38)

BENÖTIGTE UTENSILIEN
1 Topf
1 Pfanne
1 Servierschüssel

Vorbereitungszeit	10 Min.
Garzeit	30 Min.

WISSENSWERTES
Der Lorbeer spielt in der griechischen Mythologie eine Rolle. Als Gott Apoll einst die keusche Nymphe Daphne in eindeutiger Absicht bedrängte, rief sie Göttervater Zeus um Hilfe an, der sie zu ihrem Schutz in einen Lorbeerbaum verwandelte.

Empfohlene Weine
Locorotondo (Apulien) bei 10 °C
Albana di Romagna secco bei 10 °C

1 Die Hühnerbrustfilets auf beiden Seiten salzen und pfeffern. Öl in einer Pfanne erhitzen. Das Lorbeerblatt, Basilikum und Petersilie hineingeben, die Filets zufügen und rundum kross anbraten. Anschließend aus der Pfanne nehmen und zwischen zwei Suppentellern warm halten.

2 Die Röststoffe in der Pfanne mit Wein ablösen und etwas einkochen lassen, dann die Filets wieder hineingeben und 15 Minuten bei milder Hitze und geschlossenem Deckel köcheln lassen.

3 Unterdessen reichlich Wasser zum Kochen bringen, salzen, 1 EL Öl zugeben und die Schmetterlingsnudeln darin bissfest kochen. Wenn die Nudeln fast gar sind, das Hühnerfilet in sehr feine Streifen schneiden, mit der Sauce aus der Pfanne und dem Pesto in eine vorgewärmte Servierschüssel füllen, die abgegossenen Nudeln zugeben, gut durchmischen und sofort servieren.

Nützliche Tipps
Nach Geschmack kann man bei Tisch zusätzlich etwas geriebenen Pecorino oder Parmesan über das Gericht streuen. Man kann fertigen Pesto aus dem Glas dafür verwenden, doch ist ihm ein frisch zubereiteter Pesto Genovese vorzuziehen.

Kurze Nudeln

Zite spezzate alle cozze
Gebrochene Röhrennudeln mit Muscheln

ZUTATEN
für 4 Portionen

1 kg Miesmuscheln
1 Bund Petersilie
3 EL trockener Weißwein
4 EL Olivenöl extra vergine
Salz und Pfeffer n. B.
400 g Zite
(siehe »Wissenswertes« S. 32)
250 g Kirschtomaten
1 Knoblauchzehe
2 EL alter Provolone, gerieben

BENÖTIGTE UTENSILIEN

3 Töpfe

Vorbereitungszeit	30 Min.
Garzeit	30 Min.

WISSENSWERTES

Die Miesmuschel heißt keineswegs so, weil sie »mies« oder schlecht wäre. Vielmehr ist »mies« die mittelhochdeutsche Form des althochdeutschen »mios«, das Moos oder Sumpf bedeutet. Es handelt sich also um Moos- oder Sumpfmuscheln, die sich unter Wasser an Felsen, Steinen und Pfählen festsetzen. Sie werden daher auch Pfahlmuscheln genannt.

EMPFOHLENE WEINE
Capri bianco (Kampanien) bei 10 °C
Martina Franca (Apulien) bei 10 °C

1 Die Muscheln gründlich putzen und waschen, mit der Petersilie, dem Wein und 1 EL Öl im geschlossenen Topf bei großer Hitze kochen lassen, bis sich die Schalen öffnen. Vom Herd nehmen und Muscheln, die sich nicht geöffnet haben, aussortieren und wegwerfen. Den Kochsud durch ein Filterpapier laufen lassen.

2 Inzwischen reichlich Wasser zum Kochen bringen, salzen, 1 EL Öl zugeben und die in Stücke gebrochenen Zite darin bissfest kochen.

3 Die Tomaten mit kochendem Wasser überbrühen, häuten und halbieren; eventuell die Kerne mit dem wässrigen Gallert entfernen. Den Knoblauch pellen und fein hacken. In einer Pfanne im restlichen Öl andünsten, die Tomaten zugeben, salzen und pfeffern. Die ausgelösten Muscheln und 3 EL des filtrierten Kochsuds zugeben und köcheln lassen, bis die Nudeln gar sind.

4 Nudeln und Muschelsauce zusammen in eine vorgewärmte Servierschüssel geben und mit geriebenem Provolone bestreut servieren.

NÜTZLICHE TIPPS
Wenn die Zeit knapp ist, kann man tiefgefrorene Muscheln verwenden, die gebrauchsfertig geputzt sind. Alternativ kann man in Öl eingelegte Muscheln aus der Dose nehmen, die man gut abtropfen lässt. Anstatt des geriebenen Käses kann man fein gehackte Petersilie und abgeriebene Zitronenschale über das Gericht geben.

Kurze Nudeln

Maccheroncini con piselli
Kurze Röhrennudeln mit Erbsen

ZUTATEN
für 4 Portionen

3 Zwiebeln
3 EL Olivenöl extra vergine
550 g frisch gepalte Erbsen
(oder TK-Ware)
Salz und Pfeffer n. B.
400 g Maccheroncini
2 EL gehackte Petersilie

BENÖTIGTE UTENSILIEN

2 Töpfe
1 Servierschüssel

Empfohlene Weine
Castel del Monte bianco (Apulien) bei 10 °C
Biferno bianco (Molise) bei 10 °C

1 Die Zwiebeln pellen und in feine Ringe schneiden. Mit Öl in einen Topf geben und glasig dünsten, dann die Erbsen zugeben. So viel lauwarmes Wasser angießen, dass die Gemüse knapp bedeckt sind. Salzen und pfeffern und bei aufgelegtem Deckel bei kleiner Hitze köcheln lassen, bis die Flüssigkeit fast verdunstet ist.

2 In der Zwischenzeit reichlich Wasser zum Kochen bringen, salzen, 1 EL Öl zugeben und die Nudeln darin bissfest kochen. Die fertigen Nudeln abgießen, zu den Erbsen in den Topf geben und durchrühren. In eine vorgewärmte Schüssel umfüllen und mit gehackter Petersilie garniert servieren.

Vorbereitungszeit	10 Min.
Garzeit	35 Min.

WISSENSWERTES

Wer frische Mark- oder Schalerbsen verwenden möchte, wird unter Umständen lange danach suchen müssen. Weil niemand mehr die mühsame Arbeit des Auspalens auf sich nehmen will, sind sie kaum noch im Angebot. Überreife Erbsen sind fad im Geschmack, ein volles Aroma haben die tiefgefrorenen sehr feinen »Petit pois«.

Nützliche Tipps
Um dem Gericht eine interessante Geschmacksvariante zu geben, kann man etwas Pulver von frisch gemahlenen Korianderkörnern an das Gemüse geben, anstatt der Petersilie kann man gehacktes Koriandergrün darüber streuen. Verwendet man tiefgefrorene Erbsen, lässt man sie auftauen und gibt sie erst an die Zwiebeln, wenn die Nudeln fast gar sind. So bleiben sie grün und behalten ihren Geschmack.

Kurze Nudeln

Conchiglie con zucca e olive nere
Muschelnudeln mit Kürbis und schwarzen Oliven

ZUTATEN
für 4 Portionen

3 EL Sesamöl
1 kleine Zwiebel, fein gehackt
1 Knoblauchzehe, fein gehackt
2 Zweige Rosmarin, fein gehackt
400 g Kürbisfleisch, gewürfelt
3 EL Gemüsebrühe
Salz und Pfeffer n. B.
2 EL Kapern
40 g schwarze Oliven, entsteint
400 g Conchiglie (Muschelnudeln)
2 EL Petersilie, gehackt
einige Blätter Basilikum, zerzupft

BENÖTIGTE UTENSILIEN
1 Pfanne
1 Topf
1 Servierschüssel

Vorbereitungszeit	15 Min.
Garzeit	50 Min.

WISSENSWERTES
Der Kürbis war wahrscheinlich die erste Nahrungspflanze, die von den Indianern Nordamerikas kultiviert wurde. Zum Kochen verwendet man die kleineren Speisekürbisse, die bis zu 3 kg wiegen. Doch auch das Fruchtfleisch der schweren Kürbisse – sie wiegen bis zu 50 kg – ist essbar.

Empfohlene Weine
Est! Est! Est! di Montefiascone bei 10 °C
Cirò bianco (Kalabrien) bei 10 °C

1 Das Sesamöl in einer großen Pfanne erhitzen, Zwiebel, Knoblauch und Rosmarin zugeben und kurz anbraten, dann die Kürbiswürfel zugeben und rundum etwas Farbe annehmen lassen. Nach und nach die 3 EL Gemüsebrühe zugeben und den Kürbis bei geschlossenem Deckel etwa 20 Minuten köcheln lassen, dann salzen und pfeffern und die abgetropften Kapern und die Oliven zugeben. Durchmischen und weitere 10 Minuten köcheln lassen.

2 Gleichzeitig reichlich Wasser zum Kochen bringen, salzen, 1 EL Öl zugeben und die Muschelnudeln darin bissfest kochen. Wenn die Nudeln gar sind, abgießen und das Sieb gut schütteln (in den Muscheln sammelt sich leicht Wasser). Die Nudeln in die Pfanne geben, mit dem Kürbis vermischen und in eine vorgewärmte Servierschüssel füllen. Mit Petersilie und Basilikum bestreut zu Tisch bringen.

Nützliche Tipps
Um das Gericht etwas anzureichern, kann man kleine Würfel von Emmentaler oder einem anderen fetten Hartkäse zum Kürbisgemüse geben, ehe man die Nudeln untermischt. Der Käse soll leicht anschmelzen, aber noch keine Fäden ziehen.

Kurze Nudeln

Conchiglie del vegetariano
Muschelnudeln auf vegetarische Art

Empfohlene Weine
Frascati (Latium) bei 10 °C
Bardolino chiaretto (Venetien) bei 12 °C

❖

1 Die Gemüse putzen, waschen (außer bei TK-Ware) und kochfertig vorbereiten. Frische Bohnen und frische, in Stücke geschnittene Karotten 3 Minuten in kochendem Wasser blanchieren (außer bei TK-Ware). Die Zucchini in Stücke schneiden. Die Tomaten mit kochendem Wasser überbrühen, häuten und das Fruchtfleisch in Streifen schneiden.

2 In einer Pfanne Öl erhitzen, Zwiebel und Knoblauch darin angehen lassen, dann die Gemüse bis auf die Tomate zugeben, salzen und pfeffern und mit einem Pfannenheber wenden. Ein paar Minuten schmoren lassen, dann die Tomaten zugeben und bei geringer Hitze bei geschlossenem Deckel weitere 15–20 Minuten köcheln lassen.

3 Während die Gemüse garen, reichlich Wasser zum Kochen bringen, salzen, 1 EL Öl zugeben und die Muschelnudeln darin bissfest kochen. Wenn die Nudeln gar sind, abgießen und das Sieb gut schütteln (in den Muscheln sammelt sich leicht Wasser). Die Nudeln in die Pfanne zu den Gemüsen geben, durchmischen und in eine vorgewärmte Servierschüssel füllen. Anschließend mit Basilikum bestreut zu Tisch bringen.

Nützliche Tipps
Für dieses bunte Gemüsegericht kann man je nach Geschmack und Angebot auch andere Gemüse wählen. Sie können dabei zusätzlich verwendet werden oder die angegebenen Gemüse ersetzen. Oliven und getrocknete Tomaten verleihen dem Gericht zusätzlichen Geschmack.

ZUTATEN
für 4 Portionen

150 g grüne Bohnen
200 g ausgepalte Erbsen
2 Zucchini
200 g geschälte Tomaten
2 Karotten
3 EL Olivenöl extra vergine
1 Zwiebel, gehackt
1 Knoblauchzehe, gehackt
Salz und Pfeffer n. B.
400 g Muschelnudeln
2 EL gehacktes Basilikum

BENÖTIGTE UTENSILIEN
1 Pfanne
1 Topf
1 Servierschüssel

Vorbereitungszeit	30 Min.
Garzeit	45 Min.

WISSENSWERTES
Karotten, ein orangefarbenes Wurzelgemüse, das viel Karotin enthält, gehören zu den ältesten Nahrungsmitteln des Menschen. Die auch unter den Namen Möhren, Mohrrüben und gelbe Rüben bekannten Wurzeln sind das ganze Jahr über im Handel.

Kurze Nudeln

Eliche con fricassea di coniglio
Spiralnudeln mit Kaninchenfrikassee

ZUTATEN
für 4 Portionen

300 g Tomaten
1 Zwiebel
2 Karotten
1 Stängel Staudensellerie
1 Bund Petersilie
50 g durchwachsener roher Schinken
400 g entbeintes Kaninchenfleisch
3 EL Olivenöl extra vergine
Salz und Pfeffer n. B.
½ Glas trockener Weißwein
30 g getrocknete Pilze,
in Wasser eingeweicht
400 g Spiralnudeln

BENÖTIGTE UTENSILIEN
1 Schmortopf
1 Topf
1 Servierschüssel

Vorbereitungszeit	20 Min.
Garzeit	1 Std.

WISSENSWERTES
Anders als der mit ihm verwandte Hase, der sehr dunkles Fleisch hat, ist Kaninchenfleisch sehr hell und leicht süßlich und erinnert an zartes Geflügel. Kaninchen sind im Fachhandel frisch und in Supermärkten tiefgefroren zu haben.

EMPFOHLENE WEINE
Franciacorta Rosso (Lombardei) bei 16 °C
Rosso Conero (Marken) bei 18 °C

❖

1 Die Tomaten mit kochendem Wasser überbrühen, häuten und das Fruchtfleisch ohne die Kerne klein schneiden. Die Zwiebel pellen und hacken. Karotte, Sellerie und Petersilie waschen und ebenfalls klein schneiden. Schinken und Kaninchenfleisch in schmale Streifen schneiden.

2 Das Öl in einem Schmortopf erhitzen, den Schinken und dann die Gemüse zugeben, unter Rühren mit einem Holzlöffel kräftig Farbe annehmen lassen. Das Kaninchenfleisch zugeben, salzen und pfeffern und ebenfalls anbräunen lassen. Den Wein angießen und einkochen lassen, die klein geschnittenen Pilze zugeben, zuletzt die Tomaten bei geschlossenem Deckel 30 Minuten köcheln lassen.

3 Während das Frikassee gart, reichlich Wasser zum Kochen bringen, salzen, 1 EL Öl zugeben und die Nudeln darin bissfest kochen. Wenn die Nudeln gar sind, abgießen, zum Frikassee geben, gut mischen, in eine vorgewärmte Servierschüssel füllen und servieren.

NÜTZLICHE TIPPS
Um den typischen Geruch des schmorenden Kaninchenfleischs zu vermeiden und um zugleich dem Fleisch mehr Geschmack zu geben, lässt man es vor dem Kochen mindestens 3 Stunden in Wasser marinieren, dem ein gehöriger Schuss Essig und verschiedene aromatische Kräuter zugesetzt wurden.

Kurze Nudeln

Farfalle gialle alle olive
Gelbe Schmetterlingsnudeln mit Oliven

ZUTATEN
für 4 Portionen

400 g Farfalle (Schmetterlingsnudeln)
4 EL Olivenöl extra vergine
Salz und Pfeffer n. B.
1 kleine Zwiebel
1 Bund Petersilie
200 g schwarze Oliven, entsteint
½ Glas trockener Weißwein
1 Tüte Safran,
in ½ Tasse warmem Wasser gelöst
½ Tasse süße Sahne
100 g frisch geriebener Parmesan

BENÖTIGTE UTENSILIEN
1 große Pfanne
1 großer Topf
1 Servierschüssel

Empfohlene Weine
Vernaccia di San Gimignano (Toskana) bei 10 °C
Capri bianco (Kampanien) bei 10 °C

1 In einem großen Topf reichlich Wasser zum Kochen bringen, salzen, 1 EL Öl zugeben und die Nudeln darin bissfest kochen.

2 In der Zwischenzeit die Zwiebel pellen, die Petersilie waschen, trocknen und zusammen fein hacken. Die Oliven grob hacken.

3 In einer Pfanne das Öl erhitzen, die gehackten Zutaten hineingeben und etwas anbraten, dann den Wein angießen und einkochen lassen. Den Safran samt dem Wasser sowie die Sahne zugeben, umrühren und leise köcheln lassen.

4 Die gar gekochten Nudeln abgießen und in die Pfanne zur Sauce geben. Gut mischen, salzen und pfeffern. In eine vorgewärmte Servierschüssel füllen, mit Parmesan bestreuen und zu Tisch bringen.

Vorbereitungszeit	10 Min.
Garzeit	20 Min.

WISSENSWERTES
Die Olive gehört zu den ältesten Kulturpflanzen und ist seit mindestens 3000 v. Chr. bekannt. Nicht nur in der Bibel wird sie erwähnt, auch Homer, Herodot, Vergil und viele andere Autoren der Antike nannten sie in ihren Schriften.

Nützliche Tipps
Um dem Gericht zusätzliche Farbe und eine weitere Geschmacksnuance zu verleihen, kann man außer den Oliven in feine Streifen geschnittene sonnengetrocknete Tomaten zugeben.

Kurze Nudeln

Pennette alla siciliana
Pennette auf sizilianische Art

ZUTATEN
für 4 Portionen

2 kleine Auberginen
200 g frische Steinpilze
300 g Tomaten
Salz und Pfeffer n. B.
3 EL Olivenöl extra vergine
400 g Pennette
1 Knoblauchzehe
1 Bund Petersilie
2 EL frisch geriebener Pecorino

BENÖTIGTE UTENSILIEN
1 Pfanne
1 großer Topf
1 Servierschüssel

Vorbereitungszeit	20 Min.
Garzeit	45 Min.

WISSENSWERTES
Die ursprünglich aus Indien stammende Aubergine ist ein typisches Gemüse der Küchen Südeuropas und des Mittleren Ostens. Sie können rot, gelb und sogar weiß sein, meist aber sind die dunkellila Früchte im Angebot.

EMPFOHLENE WEINE
Colli Albani (Latium) bei 10 °C
Colli di Luni bianco (Ligurien) bei 10 °C

1 Die Auberginen putzen, waschen und in Stücke schneiden. Die Pilze putzen, mit einem feuchten Tuch abwischen und in feine Scheiben schneiden. Die Tomaten mit kochendem Wasser überbrühen, häuten und das Fruchtfleisch ohne die Kerne in Stücke schneiden.

2 Reichlich Wasser zum Kochen bringen, salzen, 1 EL Öl zugeben und die Pennette darin bissfest kochen. Während die Nudeln kochen, in einer Pfanne Öl erhitzen, die gepellte, zerdrückte Knoblauchzehe darin angehen lassen, die Auberginen zugeben und rundum anbraten, dann die Pilze zufügen und ebenfalls 2–3 Minuten anbraten. Die Tomaten zugeben, die Gemüse salzen, pfeffern und 15 Minuten köcheln lassen.

3 Die gar gekochten Nudeln abgießen, abtropfen lassen und in die Pfanne zu den Gemüsen geben. Gut mischen, in eine vorgewärmte Schüssel umfüllen, mit Petersilie und Pecorino bestreuen und sofort zu Tisch bringen.

NÜTZLICHE TIPPS
Man kann das Gericht zusätzlich mit dünnen, gebratenen Auberginenscheiben garnieren. Dazu schneidet man die Aubergine in feine Scheiben, bestreut sie auf beiden Seiten mit Salz und lässt sie 20 Minuten ruhen. Gut mit Küchenpapier abtupfen und in heißem Pflanzenöl kurz ausbraten.

Kurze Nudeln

Penne di Trastevere
Penne Trastevere

ZUTATEN
für 4 Portionen

25 g getrocknete Steinpilze
400 g geschälte Tomaten
1 Zwiebel
1 Bund Petersilie
50 g roher Schinken am Stück
4 EL Olivenöl extra vergine
Salz und Pfeffer n. B.
400 g Penne
3 EL frisch geriebener Parmesan

BENÖTIGTE UTENSILIEN
1 kleine Schüssel
1 Topf
1 Pfanne
1 Servierschüssel

Vorbereitungszeit	15 Min.
Garzeit	30 Min.

WISSENSWERTES
Trastevere, das dem Gericht seinen Namen gab, ist ein Stadtteil Roms. Das im Tiberknie gelegene verwinkelte alte Viertel leitet seinen Namen vom lateinischen »trans Tiberim« (jenseits des Tibers) her. Es gilt als das urtümliche Rom.

EMPFOHLENE WEINE
Frascati superiore (Latium) bei 10 °C
Oltrepò Pavese rosato (Lombardei) bei 10 °C

1 Die getrockneten Pilze in einer kleinen Schüssel mit warmem Wasser übergießen und quellen lassen. Die Tomaten mit kochendem Wasser überbrühen, häuten und das Fruchtfleisch ohne die Kerne in kleine Stücke schneiden. Die Zwiebel pellen und zusammen mit der gewaschenen Petersilie fein hacken. Den Schinken in kleine Würfel schneiden.

2 Reichlich Wasser zum Kochen bringen, salzen, 1 EL Öl zugeben und die Penne darin bissfest kochen. Während die Nudeln kochen, in einer Pfanne Öl erhitzen, die Zwiebel darin glasig dünsten, den Schinken zugeben und ausbraten, dann die abgegossenen Pilze zugeben; alles 1 Minute schmoren lassen. Die Tomaten zufügen, salzen und pfeffern und köcheln lassen.

3 Die garen Nudeln abgießen, abtropfen lassen und zur Sauce in die Pfanne geben. Gut durchmischen und den Parmesan darüber streuen. Die Nudeln in eine vorgewärmte Schüssel füllen und mit Petersilie bestreut servieren.

NÜTZLICHE TIPPS
Anstatt der getrockneten Steinpilze kann man 150 g frische Steinpilze an die Sauce geben. Die Pilze putzen und lediglich mit einem feuchten Tuch abwischen (nur im Notfall waschen). Auf keinen Fall im Wasser schwimmen lassen, da es den Geschmack verwässern würde.

Kurze Nudeln

Maccheroni alle cime di cola
Hausgemachte Makkaroni mit Romanescoröschen

ZUTATEN
für 4 Portionen

300 g Mehl
400 g Romanesco
(siehe »Wissenswertes«)
Salz n. B.
3 EL Olivenöl extra vergine
500 g fertige Tomatensauce
4 EL frisch geriebener Pecorino

BENÖTIGTE UTENSILIEN

2 Töpfe
1 Schaumkelle
1 Sieb
1 Makkaronieisen
oder 1 dicke Stricknadel

Vorbereitungszeit	40 Min.
Standzeit	1 Std.
Garzeit	20 Min.

WISSENSWERTES
Der Romanesco, eine italienische Züchtung, sieht aus wie ein grüner Blumenkohl, dessen Röschen etwas spitzer hervorstehen. Er schmeckt und riecht weniger nach Kohl als Blumenkohl, ist aber fester im Biss als der ziemlich weiche Brokkoli.

EMPFOHLENE WEINE
Cirò rosato (Kalabrien) bei 12 °C
Colli Piacentini Ortrugo (Emilia-Romagna) bei 10 °C

1 Das Mehl auf die Arbeitsfläche häufen, eine Kuhle hineindrücken und so viel lauwarmes Wasser zugeben, bis ein weicher, glatter Teig entsteht. Diesen Teig 15 Minuten lang gut und gründlich durchkneten. Dann Stücke vom Teig abnehmen und knapp fingerdicke lange Rollen daraus formen. Die Rollen in 3 cm lange Stücke schneiden.

2 Nacheinander die Teigstücke in der Hand um das Makkaronieisen oder die Stricknadel rollen. Anschließend die Stücke vom Eisen auf ein bemehltes Brett oder ein sauberes Küchenhandtuch gleiten und 1 Stunde trocknen lassen.

3 Unterdessen Romanesco putzen, in Röschen teilen und in reichlich gesalzenem Wasser 10 Minuten kochen lassen. Abgießen und in einer zugedeckten Schüssel über Wasserdampf warm halten.

4 Wasser zum Kochen bringen, salzen, 1 EL Öl zugeben und die Nudeln darin 5–6 Minuten bissfest kochen. Während die Nudeln kochen, die Tomatensauce erhitzen und den Romanesco zugeben. Die abgegossenen Nudeln in eine Servierschüssel füllen, Öl und die Sauce darüber geben und mit Pecorino bestreut servieren.

NÜTZLICHE TIPPS
Wer keinen Romanesco bekommen kann, nimmt kleine Röschen von frischem oder tiefgefrorenem Brokkoli. Brokkoli benötigt eine kürzere Kochzeit.

Kurze Nudeln

Pennette all'agro
Saure Pennette

ZUTATEN
für 4 Portionen

400 g Pennette
Salz n. B.
1 EL Olivenöl extra vergine
3 große Zitronen, unbehandelt
1 Tasse süße Sahne
30 g Butter
frisch geriebener Parmesan n. B.

BENÖTIGTE UTENSILIEN
2 Töpfe
1 Servierschüssel

Empfohlene Weine
Alto Adige Chardonnay bei 10 °C
Solopaca bianco (Kampanien) bei 10 °C

1 In einem großen Topf reichlich Wasser aufsetzen. Wenn es kocht, Salz und 1 EL Öl zugeben. Die Nudeln darin bissfest kochen.

2 In der Zwischenzeit von den Zitronen die Schale abreiben und zusammen mit der Sahne und etwas Salz in einen Topf geben. Die weiche Butter einrühren, bis eine glatte, homogene Sauce entstanden ist.

3 Die gar gekochten Nudeln abgießen und in eine vorgewärmte Schüssel füllen. Die Zitronensauce darüber gießen und gut mischen. Mit Parmesan bestreut sofort servieren.

Vorbereitungszeit	15 Min.
Garzeit	20 Min.

WISSENSWERTES
Nach der Orange ist die Zitrone die in Italien am häufigsten kultivierte Zitrusfrucht. Um das Jahr 1000 wurde diese saure und doch sehr beliebte Frucht von den Arabern im Mittelmeerraum eingeführt.

Nützliche Tipps
Möchte man dieser ungewöhnlichen Zubereitung einen zusätzlichen Farbtupfer verleihen, so gibt man ein wenig fein gehackte Petersilie darüber. Sie können die Petersilie auch mit ein paar Blättern Zitronenmelisse mischen.

Kurze Nudeln

Rigatoni al curry
Rigatoni mit Curry

EMPFOHLENE WEINE
Colli di Luni rosso (Ligurien) bei 14 °C
Bardolino chiaretto (Venetien) bei 12 °C

❖

1 Reichlich Wasser zum Kochen bringen, Salz und 1 EL Öl zugeben. Die Rigatoni darin bissfest kochen. Während die Nudeln kochen, die Zwiebel pellen und hacken, den Schinken in feine Streifen schneiden, die Petersilie waschen, trocken tupfen und fein hacken. Ein paar Blätter Petersilie zur Garnierung zurückbehalten.

2 Das Öl in einer Pfanne erhitzen, die Zwiebel darin glasig dünsten, den Schinken zugeben und kurz anbraten. Das Tomatenpüree zufügen und aufwallen lassen, anschließend die Sauce mit dem Curry würzen und salzen.

3 Die gar gekochten Nudeln abgießen, in die Sauce geben und alles gut mischen. Die Nudeln in eine vorgewärmte Servierschüssel umfüllen und mit Petersilie garniert auftragen.

NÜTZLICHE TIPPS
Wer den Curry auf indische Weise verwenden will, lässt ihn mit der Zwiebel zuerst im heißen Öl leicht anbraten: Das intensiviert den Geschmack der Gewürze. Statt Currypulver kann man auch Currypaste verwenden.

ZUTATEN
für 4 Portionen

400 g Rigatoni
Salz n. B.
3 EL Olivenöl extra vergine
1 kleine Zwiebel
100 g gekochter Schinken am Stück
1 Bund Petersilie
150 g Tomatenpüree
1 TL Curry

BENÖTIGTE UTENSILIEN

1 Topf
1 Pfanne
1 Servierschüssel

Vorbereitungszeit	10 Min.
Garzeit	30 Min.

WISSENSWERTES

Curry ist eine aus Indien stammende Mischung aus 10 bis 30 verschiedenen Gewürzen. Die wichtigsten Bestandteile sind Kreuzkümmel, Koriander, Gelbwurz, Ingwer, Muskat, Piment, Kardamom und Chili. Sogenannter Madrascurry ist besonders scharf. In Indien nennt man die Gewürzmischung Garam masala und das damit zubereitete Gericht Curry.

Pasta al prezzemolo e basilico
Nudeln mit Petersilie und Basilikum

ZUTATEN
für 4 Portionen

400 g kurze Nudeln nach Geschmack
6 EL Olivenöl extra vergine
Salz und Pfeffer n. B.
1 Bund Petersilie
1 Bund Basilikum
1 EL Kapern in Salz
4 Sardellenfilets in Salz
1 Knoblauchzehe

BENÖTIGTE UTENSILIEN
1 Topf
1 Standmixer
1 Servierschüssel
1 kleine Saucenschüssel

Vorbereitungszeit	15 Min.
Garzeit	20 Min.

WISSENSWERTES
Kapern sind die Knospen des Kapernstrauchs, die man nur in Essigsud oder in Salz eingelegt verwendet, da sie roh keinen Geschmack haben. Je kleiner die Kapern, desto feiner ist ihr Geschmack. Die in Italien beliebten, in Salz eingelegten Kapern sind in Nord- und Mitteleuropa nicht überall erhältlich. Man kann ersatzweise in Essig eingelegte Kapern verwenden.

EMPFOHLENE WEINE
Soave (Venetien) bei 10 °C
Riviera Ligure di Ponente Pigato bei 10 °C

1 In einem Topf reichlich Wasser zum Kochen bringen, Salz und 1 EL Öl zugeben und die Nudeln darin bissfest kochen.

2 Während die Nudeln kochen, die Petersilie und das Basilikum waschen und gründlich trocken tupfen. Die Kapern unter fließendem Wasser abwaschen und gut abtropfen lassen. Die Sardellenfilets abtupfen und grob zerschneiden. Die Knoblauchzehe pellen.

3 Die genannten Zutaten in den Mixer geben, das Öl darüber gießen und durchmixen. Mit Salz und Pfeffer abschmecken und in die Saucenschüssel füllen.

4 Die Nudeln abgießen und in eine vorgewärmte Schüssel füllen. Ein wenig von der Sauce als Garnierung in die Mitte der Nudeln geben, die restliche Sauce separat servieren, damit sich jeder nach Bedarf davon bedienen kann.

NÜTZLICHE TIPPS
Die Qualität eines Nudelgerichts hängt sehr davon ab, wie die Nudeln gekocht wurden. Wichtig ist genügend Wasser, damit sich die Nudeln frei bewegen können und nicht aneinander haften. Man rechnet 1 l Wasser auf je 100 g Nudeln. Das Wasser wird gesalzen, dann gibt man 1 EL Öl hinein und kocht die Nudeln sprudelnd bei offenem Deckel.

Kurze Nudeln

Mezze maniche alle cipolle
Hörnchennudeln mit Zwiebeln

ZUTATEN
für 4 Portionen

400 g Zwiebeln
4 EL Olivenöl extra vergine
Salz und Pfeffer n. B.
400 g Hörnchennudeln
6 Sardellenfilets
2 EL frisch geriebener Parmesan

BENÖTIGTE UTENSILIEN
1 Topf
1 Pfanne
1 Servierschüssel

Vorbereitungszeit	15 Min.
Garzeit	45 Min.

WISSENSWERTES
Bereits in der Antike galt die Zwiebel als Heilmittel. Da sie natürliche Antibiotika enthält, ist roher Zwiebelsaft ein wirksames Mittel gegen beginnende Halsentzündung, Heiserkeit und Husten.

EMPFOHLENE WEINE
Martina Franca (Apulien) bei 10 °C
Colli Albani (Latium) bei 10 °C

❖

1 Die Zwiebeln pellen und in sehr feine Ringe schneiden. Das Öl in eine Pfanne geben und die Zwiebeln darin glasig dünsten, ohne sie zu bräunen. ½ Tasse Wasser angießen, salzen und pfeffern und bei geschlossenem Deckel und milder Hitze 30–40 Minuten schmoren lassen.

2 In einem Topf reichlich Wasser zum Kochen bringen, salzen, 1 EL Öl zugeben und die Nudeln darin bissfest kochen.

3 Die Sardellenfilets abtupfen und nicht zu fein schneiden, zu den Zwiebeln geben und so eben heiß werden lassen. Die Nudeln zu den Zwiebeln geben, gut mischen und zu Tisch bringen. Den Parmesan separat dazureichen.

NÜTZLICHE TIPPS
Die in den Zwiebeln enthaltenen ätherischen Öle reizen die Schleimhäute, weshalb man beim Schneiden leicht Tränen vergießt. Ein wenig Abhilfe erreichen Sie, wenn Sie die Zwiebeln nach dem Pellen waschen und tropfnass auf einem nassen Brett mit nassen Händen schneiden.

Kurze Nudeln

Penne brianzole
Brianzener Penne

ZUTATEN

für 4 Portionen

1 Zwiebel
2 EL Olivenöl extra vergine
20 g Butter
50 g roher Schinken am Stück
2 grüne Paprikaschoten
500 g geschälte Tomaten (Dose)
Salz und Pfeffer n. B.
400 g Penne
50 g Taleggio

BENÖTIGTE UTENSILIEN

1 Topf
1 Pfanne
1 Servierschüssel

Vorbereitungszeit	15 Min.
Garzeit	30 Min.

WISSENSWERTES

Der Taleggio ist ein Kuhmilchkäse aus der Lombardei, genauer aus dem Taleggiotal zwischen Bergamo und San Pellegrino. Der gelbe, wenige Löcher aufweisende Teig ist vollfett (48 % Fett i. Tr.), ziemlich weich und von mildwürzigem Geschmack.

EMPFOHLENE WEINE
Freisa d'Asti (Piemont) bei 14 °C
Breganze rosso (Venetien) bei 10 °C

❖

1 Die Zwiebel pellen und fein hacken. Öl und Butter in einer Pfanne zusammen heiß werden lassen, die Zwiebel hineingeben und glasig dünsten. Den Schinken in kleine Würfel schneiden, hinzufügen und anbraten.

2 Die Paprika putzen, waschen, halbieren sowie die Kerne und weißen Innenhäutchen entfernen. Das Fruchtfleisch in Stücke schneiden, in die Pfanne geben und 5 Minuten anbraten lassen. Die abgetropften klein geschnittenen Tomaten zugeben. Salzen und pfeffern, alles gut durchmischen und bei geschlossenem Deckel 20 Minuten köcheln lassen.

3 In der Zwischenzeit in einem Topf reichlich Wasser zum Kochen bringen. Salzen, 1 EL Öl zugeben und die Penne darin bissfest kochen. Kurz bevor die Nudeln gar sind, den Taleggio in kleine Würfel schneiden und zur Sauce geben. Die Nudeln abgießen, in eine vorgewärmte Schüssel füllen und mit der Sauce servieren.

NÜTZLICHE TIPPS
Statt des Taleggios kann man Fontina oder auch einen Bel Paese verwenden. Statt der grünen Paprikaschoten kann man gelbe nehmen, die etwas milder und süßlicher im Geschmack sind.

Kurze Nudeln

Pennette con crema di fagioloni
Pennette mit Bohnencreme

ZUTATEN

für 4 Portionen

300 g grüne Bohnen
(frisch oder TK-Ware)
Salz und Pfeffer n. B.
2 Eigelb
1 Tasse süße Sahne
4 EL frisch geriebener Parmesan
400 g gerillte Pennette
30 g Butter

BENÖTIGTE UTENSILIEN

1 Topf
2 Schüsseln
1 Passiersieb
1 Pfanne
1 Servierschüssel

Vorbereitungszeit	15 Min.
Garzeit	50 Min.

WISSENSWERTES

Unter den grünen Bohnen gibt es verschiedene Sorten: Busch- und Stangenbohnen können flach sein und eine eher raue Außenhaut haben, oder sie sind glatter und leicht rund. Sehr junge rundliche Bohnen werden auch unter dem Namen »Prinzessbohnen« angeboten.

EMPFOHLENE WEINE
Oltrepò Pavese rosato (Lombardei) bei 14 °C
Cirò bianco (Kalabrien) bei 10 °C

1 Die Bohnen putzen, waschen und dann in leicht gesalzenem Wasser gar kochen. Währenddessen in einer kleinen Schüssel die Eigelbe mit der Sahne, dem Parmesan und je einer Prise Salz und Pfeffer gut verschlagen und beiseite stellen.

2 Die gegarten Bohnen mit einem Schaumlöffel aus dem Wasser heben und durch ein Passiersieb in eine Schüssel streichen. Im Bohnenwasser – eventuell noch etwas Wasser nachgießen – die Nudeln bissfest kochen.

3 In der Zwischenzeit die Butter in einer Pfanne schmelzen, das Bohnenpüree hineingeben und gut durchrühren, dann die vorbereitete Sahnesauce zugeben und heiß werden lassen, aber nicht kochen. Die bissfest gekochten Nudeln abgießen, in die Bohnensauce geben, gut mischen und sofort heiß servieren.

NÜTZLICHE TIPPS
Auf die gleiche Art und Weise kann man aus jedem anderen Gemüse mit kräftigem Eigengeschmack eine Sauce herstellen. Besonders geeignet sind zarte junge Erbsen, aber auch rote oder grüne Paprikaschoten.

Kurze Nudeln

Penne al finocchio selvatico
Penne mit wildem Fenchel

ZUTATEN

für 4 Portionen

2 Bund wilder Fenchel
(siehe »Nützliche Tipps«)
Salz und Pfeffer n. B.
5 EL Olivenöl extra vergine
400 g glatte Penne
400 g Tomaten
4 Sardellenfilets
1 kleine Zwiebel
1 Knoblauchzehe
80 g Paniermehl

BENÖTIGTE UTENSILIEN

1 Topf
1 Pfanne
1 beschichtete Pfanne
1 Servierschüssel

Vorbereitungszeit	15 Min.
Garzeit	40 Min.

WISSENSWERTES

Der Fenchel (Foeniculum vulgare) wächst wild an Wegrändern und Bahndämmen. Unter den kultivierten Arten unterscheidet man zwischen der Fenchelpflanze (sie wird vor allem wegen der Samen gezüchtet) und dem Gemüsefenchel, der auch Florentiner oder Bologneser Fenchel genannt wird.

EMPFOHLENE WEINE
Albana di Romagna secco bei 10 °C
Vermentino di Sardegna bei 10 °C

1 Den Fenchel putzen und waschen, in reichlich Wasser, dem man etwas Salz zugegeben hat, 5 Minuten kochen lassen, dann mit einer Schaumkelle herausnehmen. Dem Fenchelwasser 1 EL Öl zusetzen und die Nudeln darin bissfest kochen.

2 Die Tomaten mit kochendem Wasser überbrühen, häuten und das Fruchtfleisch ohne die Kerne klein schneiden. Die Sardellen abtupfen und klein schneiden. Zwiebel und Knoblauch pellen und fein hacken. 4 EL Öl in einer Pfanne erhitzen, Zwiebel und Knoblauch glasig dünsten, die Sardellen zugeben und gut umrühren. Dann die Tomaten zufügen, salzen und pfeffern und einen Teil der Flüssigkeit verdampfen lassen. Nach etwa 10 Minuten den Fenchel zugeben.

3 Inzwischen in einer beschichteten Pfanne unter ständigem Rühren das Paniermehl anbräunen und es in einen Teller umfüllen. Den restlichen Esslöffel Öl in die Pfanne geben, das Paniermehl wieder zurückschütten und gut mit dem Öl vermischen. Die gar gekochten Nudeln abgießen, zur Fenchelsauce geben, gut durchmischen, in eine vorgewärmte Servierschüssel füllen und mit dem Paniermehl bestreut sofort servieren.

NÜTZLICHE TIPPS

Wenn man keinen wilden Fenchel bekommen kann (auch in Italien ist er heute nur sehr selten im Angebot der Märkte), so nimmt man sehr kleine Fenchelknollen mit möglichst viel Grün und gibt außerdem ein paar zerstoßene Fenchelsamen an die Sauce. Einen besonderen Pfiff verleiht ihr ein kleiner Schuss Anisette (z. B. Pernod).

Kurze Nudeln

Gnocchetti sardi ai formaggi
Sardische Gnocchetti mit Käse

ZUTATEN
für 4 Portionen

400 g sardische Gnocchetti
(oder kleine Muschelnudeln)
Salz n. B.
1 EL Olivenöl extra vergine
30 g Gorgonzola
30 g Tomme de Savoie
30 g Ricotta
30 g Fontina
30 g frisch geriebener Parmesan
30 g Butter

BENÖTIGTE UTENSILIEN

1 Topf
1 Schüssel
1 Servierschüssel

Vorbereitungszeit	10 Min.
Garzeit	20–30 Min.

WISSENSWERTES
Käse ist konzentrierte, durch Reifung veredelte Kuh-, Ziegen- oder Schafmilch. Um das Käseeiweiß (Kasein) zu konzentrieren, wird der Milch Labenzym zugesetzt, ein Enzym aus den Mägen von Kälbern und Lämmern.

Empfohlene Weine
Alto Adige Lagrein rosato bei 14 °C
Gioia del Colle rosso (Apulien) bei 14 °C

1 In einem Topf reichlich Wasser aufsetzen. Wenn es kocht, Salz und 1 EL Öl zugeben und die Nudeln darin bissfest kochen. Die Kochzeit für sardische Gnocchetti (etwas dickere Muschelnudeln aus Hartweizengrieß) beträgt mindestens 20 Minuten.

2 In der Zwischenzeit sämtliche Käse ohne Rinde klein schneiden und in einer kleinen Schüssel miteinander vermischen. Den Parmesan beiseite lassen.

3 Die gar gekochten Nudeln abgießen und in den Topf zurückgeben. Sofort die Butter und die Käse zu den Nudeln geben und kräftig durchrühren. Die Nudeln in eine vorgewärmte Schüssel umfüllen und mit dem Parmesan bestreut zu Tisch bringen.

Nützliche Tipps
Anstatt der angegebenen Käse kann man auch andere Sorten verwenden, die den genannten in etwa entsprechen. Ein frischer bunter Salat ist eine sehr gute Ergänzung zu diesem sättigenden Nudelgericht, das man mit einem leichten Obstsalat abschließen kann.

Kurze Nudeln

Ditalini al peperone
Ditalini mit Paprika

EMPFOHLENE WEINE
Lugana (Lombardei) bei 10 °C
Vernaccia di San Gimignano (Toskana) bei 10 °C

❖

1 In einem Topf reichlich Wasser zum Kochen bringen, Salz und 1 EL Öl zugeben und die Nudeln darin bissfest kochen.

2 In der Zwischenzeit die Paprikaschote waschen, halbieren, die Kerne und weißen Innenhäutchen entfernen und das Fruchtfleisch in kleine Würfel schneiden. Den Knoblauch pellen und zerdrücken, die Sardellen abtupfen und mit einer Gabel zermusen.

3 Öl in einer Pfanne erwärmen, den Knoblauch, die Sardellen und kurz danach die Paprika hineingeben. Alles bei kleiner Hitze leise schmoren lassen.

4 Die gegarten Nudeln abgießen und in eine vorgewärmte Schüssel füllen. Die Paprika über die Nudeln geben, mischen und mit gehackter Petersilie bestreut servieren.

ZUTATEN
für 4 Portionen

400 g Ditalini (siehe »Wissenswertes«)
3 EL Olivenöl extra vergine
Salz n. B.
1 große Paprikaschote (gelb, rot oder grün)
1 Knoblauchzehe
4 Sardellenfilets
gehackte Petersilie n. B.

BENÖTIGTE UTENSILIEN
1 Topf
1 Pfanne
1 Servierschüssel

Vorbereitungszeit	15 Min.
Garzeit	20 Min.

WISSENSWERTES
Ditalini (»Fingerhütchen«) sind eine ligurische Nudelspezialität. Es handelt sich um sehr kurze, gerade, außen gerillte Röhrennudeln. Man kann ersatzweise Hörnchennudeln nehmen.

NÜTZLICHE TIPPS
Die Paprikaschote wird leichter verdaulich, wenn sie gehäutet ist. Dazu die Schote unter den Grill legen, bis die Haut bräunt und Blasen wirft. In einer Schüssel zugedeckt etwas abkühlen lassen, dann die Haut abziehen.

Della riviera — S. 90	Con ricotta e noci — S. 91	In sfoglia — S. 92
Con carciofi e spinaci — S. 94	Con polpettine di carne — S. 96	Alla pugliese — S. 98
Di zucca e fagioli — S. 100		Al gusto saporito — S. 102
Ai peperoni — S. 103	Al gratin — S. 104	Di porri e fagioli — S. 106
Di carne — S. 108	Con sugo di funghi — S. 110	Allo zafferano — S. 112

Pasta gefüllt und aus dem Ofen

| Al forno | S. 114 | Regali | S. 115 |

| Della Val Pusteria | S. 116 | Con ragù di ortaggi | S. 118 |

| Con crema di cardo | S. 120 |

| Col preboggion | S. 122 | Cotti nel sugo | S. 124 |

Pasta gefüllt und aus dem Ofen

Lasagne della riviera
Ligurische Lasagne

ZUTATEN
für 4 Portionen

8 junge Artischocken
Saft von 1/2 Zitrone
8 Lasagneblätter
aus Eiernudelteig
50 g Butter
20 g Mehl
200 g Milch
Salz n. B.
Muskatnuss n. B.
20 g frisch geriebener Parmesan

BENÖTIGTE UTENSILIEN

2 Töpfe
1 Passiersieb
1 rechteckige Auflaufform

Vorbereitungszeit	20 Min.
Garzeit	70 Min.

WISSENSWERTES
Die Lasagne gehört zu den ältesten Nudelzubereitungen Italiens. Zusammen mit Gnocchi (kleine Klöße) und Maccheroni (dicke Röhrennudeln) wird sie bereits 1370 in einer florentinischen Chronik erwähnt.

EMPFOHLENE WEINE
*Riviera Ligure di Ponente Vermentino bei 10 °C
Riviera del Garda chiaretto (Lombardei) bei 14 °C*

1 Die Artischocken putzen, die äußeren harten Blätter und das Heu entfernen sowie die Spitzen der Blätter abschneiden. Die Blätter und die Böden in kochendem Wasser, dem der Zitronensaft zugesetzt ist, 20 Minuten kochen, anschließend aus dem Wasser heben und durch ein Passiersieb streichen. Das Wasser abkühlen lassen. Zugleich in einem zweiten Topf reichlich Wasser zum Kochen bringen, salzen und die Lasagneblätter darin so eben bissfest kochen, dann auf einem sauberen Küchenhandtuch ausbreiten.

2 Den Backofen auf 200 °C vorheizen. In einem Topf 40 g Butter zerlassen, unter Rühren mit einem Holzlöffel das Mehl zugeben und kurz durchköcheln lassen. Portionsweise das erkaltete Artischockenwasser und die kalte Milch zugeben. Nach jeder Zugabe so lange rühren, bis die Masse aufwallt, eindickt und glatt ist, dann erst die nächste Portion zugeben. Salzen, mit frischem Muskat würzen und das Artischockenpüree hineingeben.

3 Mit der restlichen Butter die Form ausfetten. Den Boden mit Lasagneblättern belegen, Artischockensauce darauf geben, anschließend mit Parmesan bestreuen und so fortfahren, bis die Zutaten verbraucht sind. Die letzte Lage sollten Artischocken und Parmesan bilden. Im Ofen 20 Minuten überbacken und in der Auflaufform servieren.

NÜTZLICHE TIPPS
Wenn die Zeit knapp ist, kann man Artischockenböden aus der Dose verwenden, die man direkt durch das Sieb streichen kann. Sie sind besser geeignet als Artischockenherzen aus der Dose, die zum Passieren etwas zu hart sind.

Pasta gefüllt und aus dem Ofen

Lasagne con ricotta e noci
Lasagne mit Ricotta und Nüssen

EMPFOHLENE WEINE
Franciacorta bianco (Lombardei) bei 10 °C
Montepulciano d'Abruzzo Cerasuolo bei 14 °C

❖

1 In einem Topf ausreichend Wasser erhitzen, salzen und die Lasagneblätter darin bissfest garen. Diese anschließend aus dem Wasser nehmen, kalt abschrecken und auf einem sauberen Küchenhandtuch ausbreiten.

2 Den Backofen auf 180 °C vorheizen. Die Walnusskerne in den Mixer geben, den Ricotta, je 30 g der Butter und des Parmesans, das Öl, die Milch und den Knoblauch zugeben. Mixen, bis eine glatte Paste entstanden ist, und mit Salz abschmecken. Sollte sie zu dick sein, etwas vom Kochwasser der Pasta zugeben.

3 Die Auflaufform mit der restlichen Butter ausfetten, den Boden mit Lasagneblättern belegen und von der Creme darauf geben; so fortfahren, bis die Zutaten verbraucht sind. Die Form mit Alufolie abdecken und für 20 Minuten in den Ofen stellen. Die Lasagne mit dem restlichen Parmesan bestreut in der Auflaufform zu Tisch bringen.

NÜTZLICHE TIPPS
Man sollte die Walnüsse zunächst mit kochendem Wasser überbrühen und dann die braunen Häutchen abziehen. Um den Nussgeschmack zu intensivieren, kann man sie außerdem in einer beschichteten Pfanne unter ständigem Rühren anrösten.

ZUTATEN
für 4 Portionen

8 Lasagneblätter aus Eiernudelteig
Salz n. B.
30 g Walnusskerne
400 g Ricotta romana (s. S. 24)
50 g Butter
80 g frisch geriebener Parmesan
4 EL Olivenöl
1 knappe Tasse Milch
1 Knoblauchzehe

BENÖTIGTE UTENSILIEN
1 Topf
1 Standmixer
1 rechteckige Auflaufform
Aluminiumfolie

Vorbereitungszeit	10 Min.
Garzeit	40 Min.

WISSENSWERTES
Der Walnussbaum (Juglans regia) wird 12–25 m hoch und bis zu 100 Jahre alt. Mit 8–10 Jahren trägt er erstmals. Aus den noch grünen Nüssen und verschiedenen Kräutern wird ein Likör mit dem klangvollen Namen »Ratafià« hergestellt.

Pasta gefüllt und aus dem Ofen

Timballini di tagliolini in sfoglia
Bandnudelpasteten im Bätterteig

ZUTATEN
für 4 Portionen

150 g Karotten
150 g Lauch
150 g Zucchini
30 g Butter
Salz und Pfeffer n. B.
250 Tagliolini
3 EL frisch geriebener Parmesan
250 g Blätterteig (TK-Ware)
1 Ei, 2 dl Sahne
1 EL Trüffelcreme aus der Tube

Für die Béchamelsauce
25 g Butter
25 g Mehl
3 dl Milch
1 Prise Muskatnuss
Salz und Pfeffer n. B.

BENÖTIGTE UTENSILIEN
2 Töpfe
1 Pfanne
Küchenpapier
1 Servierplatte

Vorbereitungszeit	30 Min.
Garzeit	1 Std.

EMPFOHLENE WEINE
Colli Piacentini Barbera (Piemont) bei 16 °C
Dolcetto delle Langhe Monregalesi (Piemont) bei 16 °C

1 Die Gemüse putzen und klein schneiden, in kochendem Salzwasser blanchieren, abtropfen lassen und in der Butter mit etwas Salz und Pfeffer 3–4 Minuten andünsten. Danach im Gemüsewasser die Tagliolini bissfest kochen.

2 Für die Béchamelsauce in einem Topf die Butter zerlassen, unter Rühren mit einem Holzlöffel das Mehl zugeben und kurz durchköcheln lassen. Portionsweise die kalte Milch zugeben, nach jeder Zugabe so lange rühren, bis die Masse aufwallt, eindickt und glatt ist, dann erst die nächste Portion zugeben. Salzen, mit frischem Muskat würzen und anschließend die vorbereiteten Gemüse, die Tagliolini und den Parmesan hineingeben.

3 Den Backofen auf 180 °C vorheizen. Den aufgetauten Blätterteig ausrollen und in 12 cm große Quadrate schneiden. Auf jedes Quadrat etwas von der Gemüse-Nudel-Mischung setzen. Die Ecken des Teigs nach oben zusammennehmen und schließen. Die Teigtaschen auf ein mit Wasser bestrichenes Backblech setzen, die Oberflächen leicht mit verquirltem Ei bestreichen, in den Ofen geben und etwa 15 Minuten überbacken. In der Zwischenzeit die Sahne erhitzen und um die Hälfte einkochen lassen, dann die Trüffelcreme hineingeben. Die Trüffelsahne zu den heißen Teigtaschen reichen.

NÜTZLICHE TIPPS
Sowohl an die Gemüse als auch an die Sauce kann man zusätzlich frisch gehobelte schwarze oder weiße Trüffel geben. Anstelle der angegebenen Gemüse kann man je nach Saison und Angebot auch andere verwenden.

Lasagne con carciofi e spinaci
Lasagne mit Artischocken und Spinat

ZUTATEN
für 4 Portionen

4 junge Artischocken
1 EL Zitronensaft
500 g Spinat
75 g Butter
Salz und Pfeffer n. B.
1 Prise Muskatnuss
25 g Mehl
3 dl Milch
frischer Eiernudelteig
(siehe »Nützliche Tipps«)
2 EL Olivenöl
3 EL frisch geriebener Parmesan

BENÖTIGTE UTENSILIEN

1 Schüssel
1 Pfanne
2 Töpfe
1 Auflaufform

Vorbereitungszeit	30 Min.
Standzeit	1 Std.
Garzeit	1 Std.

WISSENSWERTES

Bei der Artischocke handelt es sich um die blattreiche Blütenknospe einer mit den Disteln verwandten Pflanze. Sie ist nicht nur schmackhaft, sondern auch sehr gesund und wirkt positiv auf Leber und Galle.

EMPFOHLENE WEINE
Capriano del Colle Trebbiano (Lombardei) bei 12 °C
Colli Berici Pinot bianco (Venetien) bei 10 °C

1 Die Artischocken putzen, in feine Scheiben schneiden und in eine Schüssel mit Wasser und Zitronensaft legen. Den Spinat verlesen, gut waschen und in feine Streifen schneiden. In einer Pfanne in 30 g Butter 3 Minuten andünsten, salzen und pfeffern. Danach die Artischocken in 20 g Butter und 2–3 EL Wasser 10 Minuten andünsten.

2 In einem Topf 25 g Butter zerlassen, das Mehl zugeben, anschwitzen und unter ständigem Rühren langsam die Milch zugeben. Mit Salz, Pfeffer und Muskat würzen, den Spinat und die Artischocken zugeben (einige Scheiben zur Garnierung zurückbehalten).

3 Die Lasagneblätter wie unten beschrieben zubereiten, in kochendem Salzwasser, dem 2 EL Öl zugegeben sind, ein paar Minuten kochen lassen, dann mit heißem Wasser abschrecken und auf ein feuchtes Küchentuch legen.

4 Den Backofen auf 180 °C vorheizen. Lasagneblätter und Spinat abwechselnd in eine mit der restlichen Butter eingefettete Auflaufform schichten, auf jede Schicht etwas Parmesan streuen. Als letzte Schicht Spinat und dekorativ angeordnet die zurückbehaltenen Artischockenscheiben darauf legen. Im Ofen 10 Minuten überbacken und sofort servieren.

NÜTZLICHE TIPPS
Für den selbst gemachten Nudelteig verknetet man 300 g Mehl, 3 Eier (Klasse M) und etwas Salz, lässt den Teig 1 Stunde ruhen, rollt ihn dünn aus und sticht mit einem Ausstecher von 10 cm Durchmesser die Lasagneblätter aus.

Pasta al forno con polpettine di carne
Überbackene Pasta mit Fleischklößchen

ZUTATEN
für 4 Portionen

400 g Schweinehack
2 Eier
200 g geriebener Pecorino
Salz und Pfeffer n. B.
2 dl Olivenöl extra vergine
300 g Lasagneblätter
600 g Tomatensauce mit Knoblauch, Oregano und Kapern
4 hart gekochte Eier in Scheiben
200 g Provolone, klein gewürfelt

BENÖTIGTE UTENSILIEN

1 Schüssel
1 Pfanne
1 Topf
1 kleiner Topf
1 rechteckige Auflaufform

Vorbereitungszeit	30 Min.
Garzeit	50 Min.

WISSENSWERTES
Im 14. Jahrhundert bereitete man in Italien Eier unter der Herdasche auf einem Rost zu. Die mit Zucker und Gewürzen verschlagenen Eier wurden nach dem Garen zum Füllen von frittierten Ravioli verwendet.

Empfohlene Weine
Montepulciano d'Abruzzo bei 16 °C
Cirò rosato (Kalabrien) bei 14 °C

1 Das Fleisch zusammen mit den 2 Eiern und 80 g des Pecorinos sowie mit etwas Salz und Pfeffer in eine Schüssel geben, gut mischen und etwa mirabellengroße Fleischklößchen daraus formen.

2 Das Öl (bis auf 2 EL) in einer Pfanne erhitzen und die Fleischbällchen darin rundum kross anbraten, aus der Pfanne nehmen und auf Küchenpapier abtropfen lassen.

3 Reichlich Wasser zum Kochen bringen, Salz und das restliche Öl zugeben und die Lasagneblätter darin bissfest kochen, anschließend abgießen, abschrecken und auf ein Küchentuch legen. Den Backofen auf 180 °C vorheizen.

4 Die Tomatensauce erhitzen und einige gehäufte Esslöffel davon auf den Boden einer Auflaufform geben. Lasagneblätter, Tomatensauce zugeben, Fleischklößchen, Eierscheiben und kleine Provolonewürfel in die Form schichten. Als letzte Lage Tomatensauce, die man mit dem restlichen Pecorino bestreut. Im Ofen 30 Minuten überbacken und anschließend in der Form heiß servieren.

Nützliche Tipps
Sollte Ihnen der Fleischteig zu weich erscheinen, kann man Paniermehl oder Schmelzhaferflocken zugeben. Auch 1 EL Ricotta und etwas klein geschnittener roher Schinken passen gut dazu.

Pasta gefüllt und aus dem Ofen

Rigatoni al forno alla pugliese
Überbackene Rigatoni nach apulischer Art

ZUTATEN
für 4 Portionen

400 g Rigatoni
Salz und Pfeffer n. B.
1 EL Olivenöl extra vergine
400 g Tomaten
1 Bund Petersilie
2 Knoblauchzehen
30 g frisch geriebener Pecorino

BENÖTIGTE UTENSILIEN
1 Topf
1 Auflaufform

EMPFOHLENE WEINE
San Severo rosato (Apulien) bei 12 °C
Lambrusco di Sorbara (Emilia-Romagna) bei 14 °C

❖

1 Den Backofen auf 180 °C vorheizen. Die Rigatoni in leicht gesalzenem Wasser, dem 1 EL Öl zugegeben ist, etwa 15 Minuten bissfest kochen.

2 In der Zwischenzeit die Tomaten waschen und in nicht zu dünne Scheiben schneiden. In eine Auflaufform legen und mit so viel Öl begießen, dass sie gerade bedeckt sind.

3 Die Petersilie verlesen, waschen und trocken tupfen, den Knoblauch pellen und beides mit einem Wiegemesser grob hacken.

4 Die Rigatoni abgießen und über die Tomaten in die Auflaufform schichten. Petersilie und Knoblauch sowie den Pecorino darüber streuen, alles mit 2 EL Öl beträufeln, salzen und pfeffern und dann im Ofen etwa 20 Minuten überbacken. Die Nudeln in der Auflaufform servieren.

Vorbereitungszeit	10 Min.
Garzeit	35 Min.

WISSENSWERTES
Der Pecorino ist ein würziger, körniger Hartkäse aus roher Schafmilch. Die Sorte Romano hat 30 % Fett i. Tr., der Siciliano hat 40 %. Manchmal enthält er auch ganze schwarze Pfefferkörner.

NÜTZLICHE TIPPS
Anstelle des für dieses Gericht empfohlenen Pecorinos kann man auch frisch geriebenen Parmesan verwenden, der etwas milder im Geschmack ist. Anstelle der frischen Tomaten kann man in Würzöl eingelegte getrocknete Tomaten verwenden. Das Gericht bekommt dann eine markantere Note.

Raviolini fritti di zucca e fagioli
Frittierte Ravioli mit Kürbis und Bohnen

ZUTATEN
für 4 Portionen

200 g Mehl
Salz und Pfeffer n. B.
50 g Reis
500 g küchenfertiges Kürbisfleisch
1 Knoblauchzehe
2 Zweige Majoran
2 Stängel Petersilie
100 g Canellinibohnen aus der Dose
3 EL frisch geriebener Grana oder Parmesan
1 EL geriebener Pecorino
2 Eier
2 EL Olivenöl extra vergine
Pflanzenöl zum Frittieren

BENÖTIGTE UTENSILIEN
1 Topf
1 Auflaufform
1 Schüssel
1 tiefe Pfanne oder 1 Fritteuse

Vorbereitungszeit	30 Min.
Standzeit	30 Min.
Garzeit	15 Min.

WISSENSWERTES
Der heute als deftige Würze für Würste, Suppen und Eintöpfe verwendete Majoran zählte in der griechischen Antike zu den hoch geschätzten Kräutern. Er war der Liebesgöttin Aphrodite geweiht, weshalb man ihm Potenz fördernde Wirkung zuschrieb.

EMPFOHLENE WEINE
Oltrepò Pavese rosato (Lombardei) bei 14 °C
Cilento rosato (Kampanien) bei 14 °C

1 Den Backofen auf 190 °C vorheizen. Das Mehl und 1 Prise Salz auf die Arbeitsfläche häufen, eine Kuhle hineindrücken und so viel lauwarmes Wasser zugeben, dass sich ein weicher, glatter Teig kneten lässt. Den Teig in Frischhaltefolie gehüllt 30 Minuten ruhen lassen.

2 In der Zwischenzeit den Reis kochen und den in Stücke geschnittenen Kürbis im Backofen in einer geölten Auflaufform etwa 30 Minuten garen. Den Knoblauch pellen und zusammen mit Majoran und Petersilie hacken.

3 Den gegarten Kürbis in einer Schüssel mit dem Kartoffelstampfer oder einer Gabel zerdrücken, die Bohnen ebenfalls zerdrücken und zugeben. Den abgetropften Reis, die gehackten Kräuter, den Knoblauch, den Grana und den Pecorino, die Eier, das Olivenöl sowie Salz und Pfeffer zugeben und alles zu einer einheitlichen Masse verrühren.

4 Den Teig dünn ausrollen und in 10 cm große Quadrate schneiden. Auf jedes Quadrat etwas von der Füllung setzen. Den Teig zu Taschen formen und die Ränder gut fest drücken. Das Pflanzenöl erhitzen, die Ravioli darin frittieren, bis sie zart gebräunt und knusprig sind. Auf Küchenpapier abtropfen lassen und sofort heiß servieren.

NÜTZLICHE TIPPS
Anstelle des Kürbis, der nur begrenzte Zeit im Angebot ist, kann man Zucchini verwenden, die man in leicht gesalzenem Wasser vorkocht. Die restliche Zubereitung erfolgt wie beschrieben.

Pasta gefüllt und aus dem Ofen

Cannelloni al gusto saporito
Herzhaft gewürzte Cannelloni

ZUTATEN
für 4–6 Portionen

8 frische Lasagneblätter
1 kleine Zwiebel
1 Knoblauchzehe
4 EL Olivenöl extra vergine
200 g mild gewürzte Bratwurstfülle
200 g Rinderhack
1 Zweig Rosmarin
4 Salbeiblätter
Salz und Pfeffer n. B.
½ Glas trockener Weißwein
2 EL Mehl
2 EL Sahne
50 g geriebener Parmesan
2 Eier

Für die Sauce
1 Zwiebel
3 EL Olivenöl extra vergine
500 g geschälte Tomaten (Dose)
6 Blätter Basilikum
Salz und Pfeffer n. B.
1 Mozzarella

BENÖTIGTE UTENSILIEN
2 Töpfe
1 Pfanne
1 Schüssel
1 Auflaufform

Vorbereitungszeit	30 Min.
Garzeit	1 Std. 20 Min.

Empfohlene Weine
Grignolino d'Asti (Piemont) bei 16 °C
Colli Orientali del Friuli Merlot bei 16 °C

1 Den Backofen auf 180 °C vorheizen. In einem Topf reichlich Wasser erhitzen, salzen und die Lasagneblätter darin bissfest garen. Abgießen und auf einem sauberen Küchenhandtuch ausbreiten.

2 Die Zwiebel und den Knoblauch pellen, fein würfeln und in etwas Öl in einer Pfanne glasig dünsten. Wurstfülle und Hackfleisch zugeben, anbraten lassen, salzen und pfeffern. Die Kräuter waschen und hacken und zum Fleisch geben, dann den Wein angießen. Köcheln lassen, bis er verdunstet ist. Das Mehl über das Fleisch stäuben, durchrühren, die Sahne zugeben und 10 Minuten köcheln lassen. Die Mischung in eine Schüssel umfüllen, leicht auskühlen lassen und anschließend Parmesan und Eier einarbeiten. Die Mischung auf die Lasagneblättter verteilen, die Blätter zusammenrollen und in eine geölte Auflaufform legen.

3 Für die Sauce die Zwiebel in Öl angehen lassen, die Tomaten zugeben, salzen, pfeffern und etwa 15 Minuten köcheln lassen, dann das zerzupfte Basilikum zugeben. Die Sauce über die Rollen in der Auflaufform löffeln, den gewürfelten Mozzarella darüber streuen, im Ofen etwa 20 Minuten überbacken und in der Auflaufform zu Tisch bringen.

Nützliche Tipps
In gut sortierten Supermärkten kann man frische Lasagneblätter kaufen. Wer den Nudelteig selbst zubereiten möchte, benötigt dazu 300 g Mehl, 3 Eier, 1 EL Öl und etwas Salz.

Pasta gefüllt und aus dem Ofen

Cannelloni ai peperoni
Cannelloni mit Paprika

EMPFOHLENE WEINE
Sangiovese d'Aprilia (Latium) bei 14 °C
Rubino di Cantavenna (Piemont) bei 16 °C

1 Das Weißbrot in der Milch einweichen. Die Paprika putzen, waschen und in feine Streifen schneiden. Öl in einer Pfanne erhitzen, Zwiebel und Knoblauch darin glasig dünsten, die Paprikastreifen zugeben, salzen und pfeffern und bei kleiner Hitze zugedeckt 20 Minuten köcheln lassen. Die Hälfte der Paprikastreifen herausnehmen und beiseite stellen, den Rest der Mischung im Mixer pürieren.

2 Die Pfanne auf den Herd zurückstellen, das Fleisch darin anbraten, den Wein angießen und verkochen lassen, dann das Hackfleisch in eine Schüssel füllen und abkühlen lassen. Paprikapüree, ausgedrücktes Brot, Parmesan und Ei zugeben, mit Muskat und Salz würzen, gut mischen, in einen Spritzbeutel geben und die (eventuell vorgegarten) Cannelloni damit füllen. Den Backofen auf 180 °C vorheizen.

3 Für die Sauce die Zwiebel in etwas Öl weich dünsten, die Tomaten zugeben und köcheln lassen, bis die Flüssigkeit reduziert ist; inzwischen die Kräuter hacken. Die Sauce durch ein Passiersieb streichen, die Kräuter zugeben, salzen und pfeffern. Etwas von der Sauce auf den Boden einer Auflaufform geben, die Cannelloni einlegen, die restliche Sauce darüber löffeln und die beiseite gestellten Paprikastreifen über die Cannelloni legen. Die Form mit Alufolie abdecken und für 30 Minuten in den Ofen schieben. Nach 25 Minuten die Folie entfernen und heiß servieren.

NÜTZLICHE TIPPS
Man kann die Paprika häuten. Dafür legt man sie unter den Grill, bis die Haut schwarz wird und Blasen wirft. Unter einem feuchten Tuch etwas abkühlen lassen, dann die Haut abziehen.

ZUTATEN
für 4 Portionen

30 g Weißbrot
½ Tasse Milch
2 grüne Paprikaschoten
3 EL Olivenöl extra vergine
1 Zwiebel, fein gehackt
1 Knoblauchzehe, fein gehackt
Salz und Pfeffer n. B.
250 g gemischtes Hackfleisch
40 g geriebener Parmesan
1 Ei
geriebene Muskatnuss n. B.
12 Cannelloni
½ Tasse Rotwein

Für die Sauce

1 kleine Zwiebel, fein gehackt
2 EL Olivenöl extra vergine
300 g geschälte Tomaten (Dose)
1 Zweig Majoran, etwas Salbei
einige Blätter Basilikum
Salz und Pfeffer n. B.

BENÖTIGTE UTENSILIEN

1 Pfanne
1 Schüssel
1 Spritzbeutel
1 Passiersieb
1 Auflaufform

Vorbereitungszeit	30 Min.
Garzeit	1 Std. 30 Min.

Pasta gefüllt und aus dem Ofen

Conchiglioni ripieni al gratin
Gratinierte gefüllte Muschelnudeln

ZUTATEN
für 4 Portionen

16 Conchiglioni
(große Muschelnudeln)
Salz n. B.
1 EL Olivenöl extra vergine
150 g Fontina
100 g gekochter Schinken am Stück
2 Eigelb, 30 g Butter
2 EL frisch geriebener Parmesan

Für die Béchamelsauce
50 g Butter
50 g Mehl
knapp ½ l Milch
1 Prise Muskatnuss
Salz und Pfeffer n. B.

BENÖTIGTE UTENSILIEN
2 Töpfe
1 Schüssel
1 Auflaufform
1 Servierplatte

Vorbereitungszeit	5 Min.
Garzeit	1 Std.

WISSENSWERTES
Der Fontina ist der bekannteste unter den Käsen aus dem Aostatal im Norden Italiens. Der vollfette, gut schnittfähige Käse wird in großen, flachen Laiben von bis zu 18 kg Gewicht aus Kuhmilch hergestellt.

EMPFOHLENE WEINE
San Colombano (Lombardei) bei 14 °C
Taburno rosato (Kampanien) bei 14 °C

❖

1 Die Muschelnudeln in reichlich Wasser, dem Salz und 1 EL Öl beigegeben sind, bissfest kochen und auf einem Küchenhandtuch abtropfen lassen. Inzwischen den Fontina und den Schinken in kleine Würfel schneiden. Den Backofen auf 200 °C vorheizen.

2 Für die Béchamelsauce in einem Topf die Butter zerlassen, unter Rühren mit einem Holzlöffel das Mehl zugeben und kurz durchköcheln lassen. Portionsweise die kalte Milch zugeben, nach jeder Zugabe so lange rühren, bis die Masse aufwallt, eindickt und glatt ist, dann erst die nächste Portion zugeben. Etwa 10 Minuten köcheln lassen, salzen und mit frischem Muskat würzen. Dann den Fontina zugeben und schmelzen lassen, danach den Schinken zufügen und die Sauce vom Herd nehmen. Nacheinander die beiden Eigelbe einrühren.

3 Die vorgegarten Muschelnudeln mit der Mischung füllen, in eine gebutterte Auflaufform setzen, mit Parmesan überstreuen und im Ofen 20–25 Minuten überbacken. Entweder in der Auflaufform oder auf einer vorgewärmten Servierplatte zu Tisch bringen.

NÜTZLICHE TIPPS
Die Füllung wird schmackhafter, wenn man statt des Fontinas einen markanteren Käse verwendet, etwa Gorgonzola. Man kann der Füllung aber auch 1 EL Trüffelpaste beimengen, die zum Schluss unter die Béchamelsauce gerührt wird.

Pasta gefüllt und aus dem Ofen

Tortelloni di porri e fagioli
Tortelloni mit Lauch und Bohnen

ZUTATEN
für 4 Portionen

200 g getrocknete Borlottibohnen
1 Lorbeerblatt, 3 Salbeiblätter
1 Knoblauchzehe
1 Zweig Rosmarin
100 g Mangold
2 Stangen Lauch
30 g Butter
200 g Ricotta
4 EL frisch geriebener Parmesan
1 ganzes Ei, Salz und Pfeffer n. B.
frischer Eiernudelteig von 300 g Mehl
(siehe »Nützliche Tipps«, S. 102)
1 Eiweiß, 1 dl Sahne

BENÖTIGTE UTENSILIEN

2 Töpfe
1 Passiersieb
2 Schüsseln
1 Pfanne
1 Auflaufform

Vorbereitungszeit	30 Min.
Einweichzeit	12 Std.
Garzeit	1 Std. 50 Min.

WISSENSWERTES

Der Lauch, auch Porree genannt, ist ein winterhartes Gemüse, das schon bei den Kelten sehr beliebt war. Später fiel er als »Spargel des armen Mannes« in Ungnade und zählte nur noch als Bestandteil des Suppengrüns.

EMPFOHLENE WEINE
Bardolino chiaretto (Venetien) bei 14 °C
Savuto rosato (Kalabrien) bei 14 °C

1 Die Bohnen 12 Stunden (oder über Nacht) einweichen, dann mit frischem Wasser, dem das Lorbeerblatt, Salbei, Knoblauch und Rosmarin zugegeben sind, etwa 1 Stunde köcheln lassen und anschließend durch ein Sieb in eine Schüssel passieren.

2 Mangold und Lauch putzen, waschen und klein schneiden. Beide in einer Pfanne in der Butter 8–10 Minuten andünsten, dann 4 EL von dem Bohnenpüree zugeben. Währenddessen in einer Schüssel den Ricotta mit 1 EL Parmesan und dem Ei verrühren. Dann die gegarten Gemüse zugeben und mit Salz und Pfeffer abschmecken.

3 Den Nudelteig dünn ausrollen und 10 cm große Quadrate formen. Auf jedes Quadrat etwas von der Füllung setzen und die Ränder mit Eiweiß bepinseln. Zu Teigtaschen zusammenklappen und die Ränder gut fest drücken.

4 Den Backofen auf 200 °C vorheizen. Das restliche Bohnenpüree in einen Topf geben, die Sahne zufügen, salzen und pfeffern und zu einer sämigen Sauce kochen. Währenddessen Wasser aufstellen und wenn es kocht, die Tortellini darin bissfest kochen. Die Nudeln in eine Auflaufform geben, die Bohnensauce und den restlichen Parmesan darüber geben, im Ofen einige Minuten überbacken und heiß zu Tisch bringen.

NÜTZLICHE TIPPS
Borlottibohnen aus der Dose verkürzen den Arbeitsaufwand erheblich. Man kann auch Bohnenpüree für die Füllung nehmen und die gegarten Tortellini, ohne sie zu überbacken, mit einer übrig gebliebenen Bratensauce servieren.

Pasta gefüllt und aus dem Ofen

Ravioli di carne
Ravioli mit Fleischfüllung

ZUTATEN
für 4 Portionen

frischer Eiernudelteig von 300 g Mehl (siehe »Nützliche Tipps«, S. 102)

Für die Füllung
20 g Butter
1 Zwiebel, fein gehackt
150 g Rinderhackfleisch
50 g Bauchspeck, fein gewürfelt
1 TL gehackter Majoran
1 Msp. Muskatnuss
1 Msp. Zimt
Salz und Pfeffer n. B.
1 Ei

Zum Anrichten
50 g Butter

BENÖTIGTE UTENSILIEN
1 Pfanne , 1 Schüssel
1 Topf, 1 Servierplatte

Vorbereitungszeit	40 Min.
Standzeit	30 Min.
Garzeit	30 Min.

WISSENSWERTES
Der Zimt wird aus der getrockneten Innenrinde des Zimtbaums gewonnen. Man unterscheidet vor allem zwei Arten – den feineren, aus Sri Lanka stammenden Ceylonzimt (Kaneel) und den weniger edlen Chinazimt (Kassia).

EMPFOHLENE WEINE
Grignolino del Monferrato casalese (Piemont) bei 16 °C
Sangiovese di Romagna bei 16 °C

1 Den Nudelteig zubereiten und 10 Minuten kräftig durchkneten. Dünn ausrollen und 30 Minuten ruhen lassen.

2 In der Zwischenzeit die Butter in einer Pfanne erhitzen, die Zwiebel darin andünsten, anschließend das Hackfleisch und den Speck zugeben und rundum anbräunen lassen. In eine Schüssel umfüllen, Majoran, Muskat und Zimt zugeben, salzen, pfeffern und zuletzt das Ei einarbeiten.

3 Mit einem Ausstecher Kreise von 4–5 cm Durchmesser aus dem Teig ausformen. Auf die Hälfte der Teigkreise ein wenig von der Füllung setzen und die Ränder mit Wasser anfeuchten. Die anderen Teigkreise darauf setzen und die Ränder fest andrücken.

4 Reichlich Wasser zum Kochen bringen, salzen und die Ravioli darin etwa 5 Minuten kochen. Anschließend die Ravioli herausheben und abtropfen lassen. In der schon benutzten Pfanne die Butter zerlassen, die Ravioli hineingeben und 2 Minuten durchschwenken. Auf einer vorgewärmten Servierplatte sofort zu Tisch bringen.

NÜTZLICHE TIPPS
Man kann die Füllung am Tag zuvor zubereiten und im Kühlschrank aufbewahren. Anstatt den Bauchspeck in die Füllung zu geben, kann man Frühstücksspeck klein schneiden und in die Butter geben, mit der man die Ravioli zum Schluss durchschwenkt.

Pasta gefüllt und aus dem Ofen

Ravioli con sugo di funghi
Ravioli mit Pilzsauce

ZUTATEN
für 4 Portionen

50 g getrocknete Steinpilze
50 g Walnüsse
1 Scheibe altbackenes Brot ohne Rinde
2 Knoblauchzehen
½ Tasse Milch oder Sahne
3 EL Olivenöl extra vergine
Salz n. B.
Gemüsebrühe n. B.
1 Bund Petersilie
600 g fertige Ravioli (frisch oder TK-Ware)
2 gehäufte EL frisch geriebener Parmesan oder Grana

BENÖTIGTE UTENSILIEN

1 Schüssel
1 Standmixer
1 Pfanne
1 Topf
1 Servierschüssel

Quellzeit	30 Min.
Vorbereitungszeit	5 Min.
Garzeit	30 Min.

WISSENSWERTES
Knoblauch wird nachweislich bereits seit mehr als 5000 Jahren gegessen und kultiviert. Wahrscheinlich aber haben wild wachsende Formen dem Menschen schon viel früher als Nahrung gedient.

EMPFOHLENE WEINE
Barbera del Monferrato (Piemont) bei 16 °C
Colli Piacentini Bonarda (Emilia-Romagna) bei 16 °C

1 Die Pilze in einer kleinen Schüssel mit lauwarmem Wasser übergießen und 30 Minuten quellen lassen. Währenddessen die Nüsse, das zerbröselte Brot, 1 gepellte Knoblauchzehe und die Milch im Mixer zu einer glatten Paste verarbeiten.

2 Die gequollenen Pilze abgießen. In einer Pfanne in dem Öl zusammen mit der zweiten, durchgedrückten Knoblauchzehe anbraten, bis alle Flüssigkeit verdunstet ist. Salzen, etwas Gemüsebrühe angießen und etwa 20 Minuten schmoren lassen, dann die gehackte Petersilie zugeben.

3 In der Zwischenzeit die Ravioli bissfest kochen, abgießen und dann zu den Pilzen in die Pfanne geben. Die Paste aus dem Mixer darüber geben, alles gut durchmischen, mit Parmesan oder Grana bestreuen und sofort, in eine Servierschüssel umgefüllt, heiß zu Tisch bringen.

NÜTZLICHE TIPPS
Die Sauce passt zu Teigtaschen, die mit Fleischfarce oder mit Käsemasse gefüllt sind. Anstelle der getrockneten Pilze kann man auch 350 g frische Steinpilze verwenden.

Pasta gefüllt und aus dem Ofen

Ravioli di ricotta allo zafferano
Ravioli mit Ricotta und Safran

ZUTATEN
für 4 Portionen

Für den Nudelteig
400 g Mehl
4 Eier

Für die Füllung
1 Dose Safranfäden
1 EL Milch
350 g Ricotta
abgeriebene Schale
von 1 Orange
1 Msp. Muskatnuss
1 Ei
Salz n. B.

Zum Anrichten
50 g Butter
1 Zweig Rosmarin,
sehr fein gehackt
frisch geriebener Grana
oder Parmesan n. B.

BENÖTIGTE UTENSILIEN
1 Schüssel
1 Topf
1 Servierplatte

Vorbereitungszeit	15 Min.
Standzeit	45 Min.
Garzeit	15 Min.

EMPFOHLENE WEINE
Franciacorta bianco (Lombardei) bei 10 °C
Verdicchio di Matelica (Marken) bei 10 °C

❖

1 Aus Mehl und Eiern einen glatten Nudelteig kneten und etwa 30 Minuten ruhen lassen. Den Safran in einer Tasse mit der Milch aufquellen lassen.

2 In der Zwischenzeit in einer Schüssel den Ricotta glatt rühren. Orangenschale, Muskat, ein Ei und eine Prise Salz zugeben, zuletzt auch die Milch mit dem Safran dazuschütten und alles gut verrühren.

3 Den Nudelteig dünn ausrollen. Auf die eine Hälfte des Teigs in entsprechenden Abständen kleine Häufchen der Füllung setzen. Die Zwischenräume mit Wasser bepinseln, die andere Teighälfte darüber klappen und zwischen den Häufchen mit Füllung gut fest drücken. Mit dem Teigrad Ravioli ausformen und diese erneut 15 Minuten ruhen lassen.

4 Reichlich Wasser in einem Topf zum Kochen bringen und die Ravioli darin bissfest kochen. Zugleich Butter zerlassen und den Rosmarin hineingeben. Die gegarten Ravioli auf eine Servierplatte geben, die Rosmarinbutter darüber gießen und sofort servieren.

NÜTZLICHE TIPPS
Statt mit Rosmarinbutter kann man die Ravioli mit jungem Gemüse anrichten, das man in sehr feine Streifen (Julienne) schneiden und in etwas Olivenöl andünsten sollte.

Pasta gefüllt und aus dem Ofen

Ravioli verdi al forno
Überbackene grüne Ravioli

ZUTATEN
für 4 Portionen

600 g fertige grüne Ravioli
(frisch oder TK-Ware)
Salz und Pfeffer n. B.
40 g zerlassene Butter
4 Eigelb
4 EL Sahne
1 Msp. Mukatnuss
3 Eiweiß
100 g gekochter Schinken, gewürfelt
80 g frisch geriebener Parmesan
100 g Walnüsse, grob gehackt

BENÖTIGTE UTENSILIEN
1 Topf
2 Schüsseln
1 Auflaufform

EMPFOHLENE WEINE
Chianti classico (Toskana) bei 16 °C
Franciacorta rosso (Lombardei) bei 16 °C

❖

1 Einen großen Topf mit leicht gesalzenem Wasser aufsetzen, die Ravioli darin bissfest kochen, sie dann in eine Schüssel geben und die zerlassene Butter darüber gießen. Den Backofen auf 180 °C vorheizen.

2 In einer Schüssel die Eigelbe mit der Sahne verrühren, Salz, Pfeffer und Muskat zugeben, zuletzt das geschlagene Eiweiß unterheben, dann die Ravioli hineingeben.

3 Eine Auflaufform buttern und eine Lage Ravioli mit Eimasse einfüllen. Schinken, Parmesan und Nüsse darüber geben. In Schichten fortfahren, bis alle Zutaten aufgebraucht sind. Die Form in den Ofen schieben und so lange überbacken, bis die Oberfläche goldbraun geworden ist. Die Ravioli in der Auflaufform zu Tisch bringen.

Vorbereitungszeit	15 Min.
Garzeit	35 Min.

WISSENSWERTES

Das Hühnereiweiß enthält Lecithin, einen phosphorhaltigen, fettähnlichen Stoff, mit dem sich beim Schlagen die Luftblasen verbinden, so dass fester Eischnee entsteht.

NÜTZLICHE TIPPS
Man sollte für dieses Gericht grüne Ravioli mit einer Ricottafüllung wählen. Sie passen besser als Ravioli, die mit einer Fleischfarce gefüllt sind. Frische Ravioli gibt es heute in jedem gut sortierten Supermarkt.

Pasta gefüllt und aus dem Ofen

Tortellini regali
Königliche Tortellini

EMPFOHLENE WEINE
Grignolino d'Asti (Piemont) bei 16 °C
Rossese di Dolceacqua (Ligurien) bei 16 °C

1 Reichlich Wasser zum Kochen bringen und die Tortellini darin bissfest kochen. Sie dann gut abgetropft in eine gebutterte Auflaufform geben. Den Backofen auf 180 °C vorheizen.

2 In einer Schüssel den Ricotta mit der Sahne verrühren, den Parmesan, Muskat, Salz und Pfeffer zugeben und alles gut mischen. Den Schinken in feine Streifen schneiden, in einer Pfanne in der Butter anbraten, dann zu der Ricottacreme geben.

3 Die Creme über die Tortellini geben und alles leicht durchmischen. Die Form für etwa 5 Minuten in den Ofen stellen, bis die Oberfläche gebräunt ist. Mit Petersilie bestreut sofort zu Tisch bringen.

ZUTATEN
für 4 Portionen

500 g Tortellini
1 TL Butter
200 g Ricotta
50 g Sahne
50 g frisch geriebener Parmesan
1 Msp. Muskatnuss
Salz und Pfeffer n. B.
50 g roher Schinken
1 Bund Petersilie

BENÖTIGTE UTENSILIEN
1 Topf
1 Auflaufform
1 Schüssel
1 Pfanne

Vorbereitungszeit	10 Min.
Garzeit	ca. 25 Min.

WISSENSWERTES
Tortellini – kleine, zu Ringen geschlossene gefüllte Teigtaschen – sind das kulinarische Wahrzeichen der Stadt Bologna. Einer alten Legende zufolge sollen sie dem Nabel der Göttin Venus nachgebildet sein.

NÜTZLICHE TIPPS
Verwenden Sie möglichst frische Tortellini aus dem Kühlfach und keine getrockneten aus der Tüte – sie sind nicht nur schneller gar, sondern auch schmackhafter. Man kann sie mit jeder beliebigen Füllung wählen.

Pasta gefüllt und aus dem Ofen

Ravioli della Val Pusteria
Pustertaler Ravioli

ZUTATEN
für 4 Portionen

Für den Teig
400 g Roggenmehl
1 Ei
1 TL weiche Butter
Salz n. B.
Milch n. B.

Für die Füllung
600 g Spinat
gemahlener Kreuzkümmel n. B.
Salz n. B.

Zum Ausbacken
Olivenöl n. B.

BENÖTIGTE UTENSILIEN
1 Topf
1 tiefe Pfanne oder 1 Fritteuse
Küchenpapier
1 Servierplatte

Vorbereitungszeit	30 Min.
Garzeit	40 Min.

WISSENSWERTES
Roggenmehl enthält weniger Klebereiweiß als Weizenmehl, benötigt also längere Zeit zum Quellen. Es kann hell bis dunkel sein. Helles Roggenmehl ist gesiebt, enthält also keine Kleie mehr.

EMPFOHLENE WEINE
Trentino bianco bei 10 °C
Bolgheri rosato (Toskana) bei 12 °C

1 Den Spinat verlesen, gründlich waschen, tropfnass in einen Topf geben und zusammenfallen lassen. Abgießen, abkühlen lassen, ausdrücken, klein schneiden, salzen und mit Kreuzkümmel würzen.

2 Das Roggenmehl auf die Arbeitsfläche schütten, eine Kuhle in die Mitte drücken, Ei, Butter und Salz hineingeben und so viel Milch, wie nötig ist, dass ein glatter, fester Teig entsteht. Dünn ausrollen und Quadrate von 4–5 cm Länge schneiden. Auf die Hälfte der Quadrate etwas von dem Spinat geben. Die Ränder der Teigquadrate mit Wasser bepinseln, die anderen Quadrate darüber legen und mit den Fingerspitzen rundum fest drücken.

3 In einer tiefen Pfanne oder Fritteuse Olivenöl erhitzen und die Ravioli darin portionsweise goldbraun ausbacken. Auf Küchenpapier abtropfen lassen, mit rohen Spinatblättern dekoriert auf einer Servierplatte zu Tisch bringen.

NÜTZLICHE TIPPS
Spinat dient nicht allein als Nahrungsmittel. In Olivenöl gekochte, abgekühlte Spinatblätter sind ein Hausmittel gegen Verbrühungen; mit dem Kochwasser von Spinat kann man dunkle Wollsachen waschen.

Pasta gefüllt und aus dem Ofen

Tortelli di anatra con ragù di ortaggi
Tortelli mit Entenfüllung und Gartengemüse

ZUTATEN
für 4 Portionen

Für den Nudelteig
150 g Mehl, 100 g Grieß
2 Eier, 1 Eiweiß
1 Msp. Salz

Für die Füllung
250 g Entenbrust, enthäutet
1 kleine Zwiebel, fein gehackt
2 EL Olivenöl extra vergine
½ Glas Rotwein
300 g Spinat
1 Ei, Salz und Pfeffer n. B.
1 Zweig Thymian, gehackt
1 Bund Petersilie, gehackt

Für die Beilage
70 g Butter, 1 Karotte
200 g grüne Bohnen
150 g ausgepalte Erbsen
2 kleine Zucchini
1 kleine Aubergine
1 Bund Basilikum
Salz und Pfeffer n. B.

BENÖTIGTE UTENSILIEN
1 Pfanne, 1 Schüssel
1 Topf, 1 Teigrad

Vorbereitungszeit	30 Min.
Standzeit	30 Min.
Garzeit	40 Min.

EMPFOHLENE WEINE
Fara (Piemont) bei 18 °C
Rosso di Montalcino (Toskana) bei 18 °C

1 Mehl und Grieß zusammensieben, eine Kuhle hineindrücken, Eier, Eiweiß und Salz zugeben und zu einem Nudelteig verarbeiten. Den Teig in Frischhaltefolie gehüllt 30 Minuten ruhen lassen. Die parierte Entenbrust sehr klein schneiden. Die Zwiebel in Öl glasig dünsten, das Entenfleisch zugeben und rundum anbraten. Den Wein angießen und einkochen lassen. Den Pfanneninhalt in eine Schüssel füllen. Den verlesenen Spinat in kochendem Wasser blanchieren, sehr fein hacken und zum Entenfleisch geben. Ei, Salz, Pfeffer und die gehackten Kräuter zufügen und gut vermischen.

2 Den Teig sehr dünn ausrollen. Kleine Häufchen von der Entenfüllung auf die eine Hälfte des Teiges setzen, die andere Hälfte darüber klappen, dann mit dem Teigrad die einzelnen Tortelli ausformen. Die Ränder gut fest drücken.

3 Sämtliche Gemüse für die Beilage putzen, waschen und in kleine Würfel schneiden. Die Butter in einem Topf zerlassen und die noch tropfnassen Gemüse darin garen. Zunächst Karotten und Bohnen garen, nach 5 Minuten die Erbsen zugeben, zuletzt die Zucchini und die Aubergine. In der Zwischenzeit das Basilikum fein hacken und zum Schluss zu den Gemüsen geben. Salzen und pfeffern. Die Teigtaschen in leicht gesalzenem, kochendem Wasser bissfest garen. Zusammen mit den Gemüsen heiß servieren.

NÜTZLICHE TIPPS
Um sich die Arbeit etwas zu erleichtern, kann man tiefgefrorene feine Gartengemüse verwenden. Es empfiehlt sich, die Entenbrust durch den Fleischwolf zu drehen, anstatt sie nur klein zu schneiden.

Pasta gefüllt und aus dem Ofen

Agnolotti con crema di cardo
Teigtaschen mit Kardencreme

ZUTATEN
für 4 Portionen

1 kg Kardenstängel
(siehe »Wissenswertes«)
Saft von 1 Zitrone
Salz und Pfeffer n. B.
3 EL Olivenöl extra vergine
1 Schalotte
20 g Butter
1 Tasse Milch
200 g Fontina
500 g Agnolotti oder Ravioli

BENÖTIGTE UTENSILIEN
1 Topf
1 Passiersieb
1 Schüssel
1 Pfanne
1 Servierschüssel

Vorbereitungszeit	20 Min.
Garzeit	1 Std.

WISSENSWERTES

Die Karde (Cardy) oder spanische Artischocke ist mit der echten Artischocke verwandt, jedoch höher im Stängel. Man genießt die Herzblätter und die markigen Stängel, die intensiv nach Artischocke schmecken. In Deutschland sind sie nur selten im Handel.

EMPFOHLENE WEINE
Dolcetto di Dogliani (Piemont) bei 16 °C
Valpolicella (Venetien) bei 16 °C

1 Die Kardenstängel voneinander lösen, das Blattgrün sowie die hohlen Enden und stacheligen Ränder entfernen. Das Gemüse in kleine Stücke schneiden, waschen und in Wasser legen, das mit Zitronensaft gesäuert ist. Leicht gesalzenes Wasser zum Kochen bringen und die Gemüsestücke etwa 30 Minuten kochen lassen, dann abgießen und durch ein Sieb in eine Schüssel passieren.

2 In einer Pfanne Öl erhitzen und die fein gehackte Schalotte darin angehen lassen. Die Butter, Salz und Pfeffer zugeben, dann das Kardenpüree. 10 Minuten köcheln lassen, anschließend die Milch und den klein geschnittenen Fontina zugeben. Rühren, bis der Käse geschmolzen und eine cremige Sauce entstanden ist.

3 Während man die Sauce zubereitet, Wasser zum Kochen bringen, die Agnolotti zugeben und bissfest kochen. Abgießen und in die Kardencreme geben; auf eine vorgewärmte Servierplatte umfüllen und sofort zu Tisch bringen.

NÜTZLICHE TIPPS

Die mit Fleisch, Gemüse und Käse gefüllten Agnolotti sind eine Spezialität aus dem Piemont, die den größeren Ravioli ähnlich ist, die man auch ersatzweise verwenden kann. Anstelle der frischen Kardenstängel kann man Artischockenböden aus der Dose nehmen, die man direkt durch das Sieb passiert.

Pansôti col preboggion
Mit Wildkräutern gefüllte Teigtaschen

ZUTATEN
für 4 Portionen

Für den Teig
350 g Mehl, Salz n. B.
½ Glas trockener Weißwein

Für die Füllung
700 g gemischte Wildkräuter
(davon mindestens 300 g Borretsch)
1 Knoblauchzehe
150 g Ricotta
40 g frisch geriebener Parmesan
2 Eier, Salz n. B.

Zum Anrichten
Walnusssauce (siehe »Nützliche Tipps«)

BENÖTIGTE UTENSILIEN
2 Töpfe
1 Passiersieb
1 Schüssel
1 Servierschüssel

Vorbereitungszeit	30 Min.
Garzeit	20 Min.

WISSENSWERTES
Pansôti (»Dickwänste«) sind eine ligurische Spezialität. Die Teigtaschen sind mit Kräutern wie Borretsch samt Blüten, Kapuzinerkresse, Löwenzahn, wildem Mangold, Majoran u. Ä. sowie mit Ricotta gefüllt und werden immer mit einer Nusssauce serviert.

EMPFOHLENE WEINE
Breganze Vespaiolo bei 12 °C
Alto Adige Lagrein rosato bei 14 °C

❖

1 Aus Mehl, einer Prise Salz, Wein und etwas lauwarmem Wasser einen Nudelteig kneten. So lange durchwalken, bis er weich und glatt ist. Ruhen lassen, während man die Füllung zubereitet.

2 Die Kräuter verlesen, waschen und tropfnass in einem Topf 15 Minuten andünsten lassen. Dann abgießen, grob zerhacken und durch ein Passiersieb in eine Schüssel streichen. Den gepellten, durch die Presse gedrückten Knoblauch, den Ricotta, den Parmesan, die Eier sowie Salz und Pfeffer zugeben und alles gut verrühren.

3 Den Nudelteig sehr dünn ausrollen und in 7 cm große Quadrate schneiden. Auf jedes Quadrat etwas von der Füllung geben, zu einem Dreieck zusammenfalten und sehr gut schließen. Die Pansôti in siedendem Salzwasser 5–6 Minuten kochen lassen, dann in einer vorgewärmten Schüssel mit der Nusssauce zu Tisch bringen.

NÜTZLICHE TIPPS
Für die Füllung kann man – je nach Angebot – außer Borretsch noch Spinat, Mangoldgrün, Rucola, Petersilie, Basilikum und Majoran nehmen. Für die Nusssauce gibt man 100 g geschälte Walnüsse, 1 Knoblauchzehe, je eine Prise Majoran und Muskat, 4 EL Olivenöl und 2 Tassen Dickmilch in den Mixer und bereitet eine sämige, kalte Sauce zu.

Raviolini cotti nel sugo
In Sauce gegarte Raviolini

ZUTATEN
für 4 Portionen

40 g Butter
1 Zwiebel
450 g geschälte Tomaten (Dose)
¾ l Gemüsebrühe
Salz und Pfeffer n. B.
einige Blätter Basilikum
500 g frische, kleine Ravioli
4 EL frisch geriebener Parmesan

BENÖTIGTE UTENSILIEN
1 Topf
1 Passiersieb
1 Servierschüssel

Vorbereitungszeit	10 Min.
Garzeit	30 Min.

WISSENSWERTES
Noch weit bis ins 18. Jahrhundert hinein hielt man Tomaten für unbedeutend, ja sogar für giftig. Dann jedoch traten sie einen überraschenden Siegeszug in der mediterranen Küche an, aus der sie heute nicht wegzudenken sind.

EMPFOHLENE WEINE
Frascati superiore (Latium) bei 12 °C
Gioia del Colle bianco (Apulien) bei 12 °C

1 In einem Topf 20 g der Butter zerlassen und die gepellte, fein gehackte Zwiebel darin glasig dünsten. Dann die geschälten Tomaten samt Saft durch ein Passiersieb drücken und in den Topf geben. Ein wenig einkochen lassen, dann die Gemüsebrühe zugeben, aufkochen lassen und mit Salz und Pfeffer abschmecken.

2 Das gehackte Basilikum und die Ravioli hineingeben. Bei kleiner Hitze bei aufgelegtem Deckel 20 Minuten köcheln lassen, dabei gelegentlich umrühren, damit nichts anhängt. Sollte die Sauce zu dick werden, noch etwas Brühe angießen.

3 Die Ravioli herausheben und in eine vorgewärmte Servierschüssel geben. Die Sauce bei großer Hitze unter Rühren noch etwas einkochen lassen, dann über die Teigtaschen geben. Die restliche Butter in Flöckchen darauf setzen und mit Parmesan überstreut servieren.

NÜTZLICHE TIPPS
Man kann die Tomatensauce nach Geschmack mit weiteren Kräutern, etwa Thymian, Oregano und/oder Rosmarin, anreichern. Man kann ihr auch klein geschnittene Pilze, Karotten und Stangensellerie beimischen.

Alphabetisches deutsches Rezeptverzeichnis

Bandnudelpasteten im Blätterteig 92
Bandnudeln nach römischer Art 24
Bandnudeln mit Butter, Salbei und Nüssen 20
Bandnudeln mit Kartoffeln und Gartenkohl 36
Bandnudeln mit Mohn 28
Bavette mit Pilzen nach Art der Köhlerin 18
Brianzener Penne 80
Cannelloni mit Paprika 103
Ditalini mit Paprika 87
Dünne Bandnudeln mit Pilzen und Nüssen 11
Feine Bandnudeln durcheinander 44
Frittierte Ravioli mit Kürbis und Bohnen 100
Gebrochene Röhrennudeln mit Muscheln 58
Gelbe Schmetterlingsnudeln mit Oliven 66
Gratinierte gefüllte Muschelnudeln 104
Grüne Bandnudeln mit gepökelter Zunge 23
Grüne Bandnudeln mit Käsefondue 10
Hausgemachte Makkaroni mit Romanescoröschen 72
Herzhaft gewürzte Cannelloni 102
Hörnchennudeln mit Zwiebeln 78
In Sauce gegarte Raviolini 124
Königliche Tortellini 115
Krausbandnudeln mit rotem Pesto 38
Kurze Röhrennudeln mit Erbsen 60
Lasagne mit Artischocken und Spinat 94
Lasagne mit Ricotta und Nüssen 91
Ligurische Lasagne 90
Mit Wildkräutern gefüllte Teigtaschen 122
Muschelnudeln auf vegetarische Art 63
Muschelnudeln mit Kürbis und schwarzen Oliven 62
Nudeln mit Petersilie und Basilikum 76
Penne mit drei Gemüsen 50
Penne mit wildem Fenchel 84
Penne mit Zucchini und Emmentaler 52
Penne mit Zucchini und Zwiebeln 51
Penne Trastevere 70
Pennette auf sizilianische Art 68
Pennette mit Bohnencreme 82
Pustertaler Ravioli 116
Ravioli mit Fleischfüllung 108
Ravioli mit Pilzsauce 110
Ravioli mit Ricotta und Safran 112
Rigatoni mit Curry 75
Röhrennudeln nach Landessitte 32
Sardische Gnocchetti mit Käse 86
Saure Pennette 74
Schmetterlingsnudeln mit Huhn und Pesto 56
Spaghetti mit Basilikumsauce 42
Spaghetti mit Mandeln 40
Spaghetti mit Olivenpaste 16
Spaghetti mit Spargel und Mandeln 34
Spaghetti mit Zucchini 35
Spaghettini in Rucolasalat 14
Spaghettini mit Nüssen und Gorgonzola 47
Spaghettisalat 12
Spaghettoni mit Rosenblättern 46
Spiralnudeln mit Kaninchenfrikassee 64
Spiralnudeln mit Pilzen und Tomate 54
Stroh, Heu und Erbsen 22
Teigtaschen mit Kardencreme 120
Tortelli mit Entenfüllung und Gartengemüse 118
Tortelloni mit Lauch und Bohnen 106
Überbackene grüne Ravioli 114
Überbackene Pasta mit Fleischklößchen 96
Überbackene Rigatoni nach apulischer Art 98
Versiliesische Spaghetti 30
Vollkornbandnudeln mit Würzkräutern 26